AF452107

ACHAB
TRAGEDIE.

Composée, par Rolland de Marcé Escuyer
Conseiller du Roy, lieutenant general
en la Seneschaussée, siege & res-
sort de Baugé.

*Dediée à Monseigneur Forget Conseiller du Roy en
ses conseils d'Estat & priué, President en sa
Cour de Parlement à Paris.*

A PARIS,

Par FRANÇOIS HVBY, ruë sainct Iacques
à l'enseigne du soufflet vert.

M. DCI.

A MONSEIGNEVR FOR-
GET, CONSEILLER DV ROY
en ses conseils d'Estat & priué, &
President en sa Cour de Parlement
à Paris.

'IL est ainsi (Monseigneur)
qu'aux sacrifices anciens l'in-
tention estoit plus estimee que
la valeur de l'oblation, & que
le fruit de nostre affection despende princi-
pallement du bon accueil, & fauorable rece-
ption de ceulx, ausquels elle est offerte: ie vous
suppliray non seulement de ne trouuer maul-
uais si soubs le passeport & saufconduit de
vostre authorité, i'ay mis en lumiere la trage-
die d'Achab, mais aussi l'auoir autāt aggrea-
ble comme si elle estoit digne du labeur de vo-

ã ij

stre œil, l'aiant tirée des pancartes sacrées, re-
cognoissant le debuoir d'vn Crestien estre
d'employer ses hōnestes loisirs, à traicter de la
sainte Escripture, plustost que s'amuser &
perdre le temps a representer des fables, &
histoires profanes : aussi que le ciel no⁹ ayāt
faict naistre tres-fidelles vassaulx d'vn prince
aultant aimant & craignant Dieu, comme
il est triomphaut & inuincible aux armes :
I'ay pensé que le zelle feruant, la pieté & deuotion de sa magesté, (ainsi que son contraire) estant opposée à l'impieté de ce Roy d'Israel,
cela apporteroit vn grand contentement au
lecteur, & le conuieroit souuent à ietter en
hault la veuë, & la pensée, pour rendre
graces à la bonté diuine de la paix & repos
duquel soubz son Empire & bon heur, iouist
á present tout le peuple François, si l'inuention
& la grauité de la diction, ne respond au
subiect & à vostre expectation, considerant
que c'est vne chose non moings Royalle & liberalle de faire estat des petits presens, que

*d'en donner de grands & honnorables, vous
ne reieterez ma bonne volõté, ains excuserez
s'il vous plaiſt*

Monſeigneur l'obſequieuſe temerité de

Voſtre treſ-humble & treſ-obligé
ſeruiteur R. D. Marcê.

A L'AVTHEVR.

SONNET.

Facond nepueu du genereux Atlante
Qui fis marcher au doulx son de ta vois,
Les monts bossus, les riues, & les bois,
Et les rochers, que la nature enfante:
Ton nom ce pert par la gloire naiscante
Côme a l'enui d'vn Amphyon, frâçois,
Qui soit en vers, en histoire & en lois,
Brunist ton los, & ternist ton attente,
Sy tu as peu les tigres adoulcir,
Et au doulx bat de ta langue transsir
Le cœur ferré des dires infernalles,
Cettuy cy peult d'vn vers plain de fureur,
M'esler aux cœurs & l'audace, & l'horreur
Ou les remplir de cent courage masles

LANCELOTE DE LA BARRE.

ARGVMENT.

A Chab l'vn des plus meschans Roys que ait porté Couronne en Israel estant admonesté par le Prophete Elye que
s'il ne vouloit amender sa vie, l'arrest de mort estoit prest à si-
gner contre luy au conseil estroict de la diuine malesté, se re-
pent & pleure son peché : Mais la Royne Iezabel sa femme
idolatre, & la plus abhominable de toutes les femmes le trouuant en cest estat luy oste tellement la crainte de Dieu de deuant les yeux, qu'il s'adonne de plus belle à toutte impieté, au
moyen dequoy abandonné de la grace diuine, il delibere
faire la guerre à Benadab Roy d'Assirie côtre l'aduis du Prophete Michée & prest de donner la bataille vn Archer du contraire party pensant tirer en vain le prend au deffault du cuirasse & le blesse à mort, ce que sçachant l'ennemy au lieu de
passer oultre, il permet à l'armée sans chef se retirer & rêpor-
ter le corps de son seigneur dans son char : lequel tout rouge du
sang Royal est laué au mesme endroit où Nabot auoit esté la-
pidé pour accorder les deux Propheties d'Elie & de Michée,
lesquels auparauant l'euenement sembloyent se contrarier.

ENTRE-PARLEVRS.

L'Ombre de Nabot.
Elye le Prophete.
Achab.
Iezabel.
Iozaphat.
Sedecie faulx Prophete.
Le Chœur des faulx Prophetes.
Le page.
Michée Prophete.
La Nourice.
Le messager.
Chœur de soldats.
Le Capitaine General
des gardes d'Achab.
Premier soldat.
Second soldat.

ACTE PREMIER.

L'OMBRE DE NABOT.

EVRTRY, cruellement pour n'auoir
voulu plaire,
Aux desirs effrenez d'vn prince sangui-
naire,
Qui bruslant d'auarice à Trempé furieux
L'iniuste glaiue au sang de son oncle aux ans vieux,
Ie Remonte icy hault, esloignant les vallees
Plaines par millions d'ames y deuallées,
Pour crier sans cesser contre cest inhumain
Encores tout couuert du sang de son germain,
Sans que le sainct respect de ma race Royalle,
Ait attainct de pitié ceste ame desloyalle,
Rauissant oppresseur, d'vng bras Imperieux
Le bien, que me laissa mon pere, curieux
De se rendre immortel, par la naissante gloire
De son sang successeur, quy proignant sa memoire
Au Iardin verdoyant de la posterité,
Ainsi qu'vn beau sion en son lieu supplanté,

A

Fist viure en la vertu d'vn enfant debonnaire,
Le plaisant souuenir de la souche premiere,
Qui bien que de soy morte, en fin tousiours retient
Son nom, par le bourgeon qui de son tronc prouient,
Representant sans fin d'aage en aage le pere,
Duquel il a tiré son estre originaire.

  Mais de ce fier tyran l'appetit fut si glout,
Qu'il ne peult s'assouuir, qu'exterminant du tout
Le pere & les enfans, si que ma race estainte
Vng seul n'est demeuré qui sceut en faire plainte,
Estans tous deuallez au paisible repos
Du doux sein d'Abraham : ou la fiere Atropos
N'exerce sa fureur, & ses seurs odieuses,
N'ont pouuoir d'y fascher les ames bien heureuses:

  Là Phœbus tousiours luict, & de son œil serain
Contemple ce pourpris de delices tout plain,
Là le Ciel tout benin, le Zephir fauorable
Estallent leurs tresors, la rose delectable,
Le rougissant œillet, les lis blanc fleurissans,
Versent de tous costez leur sabean encens:

  Là les oiseaux mignards, perchez dans le bocage,
Ne finissent iamais leur accordant ramage,
Là les champs emaillez, de cent milles couleurs,
Sont de vert tapissez, & saffranez de fleurs,
Là le laict nourricier, le miel, & l'ambrosie,
Y fluent à l'enuy, le son, & l'harmonie
Des Seraphins aislez, des ardents Cherubins,
Se marieaux accentz de noz doctes Rabins:

Là les grands ne sont crainčts, là du tout est banni
La frayeur des tyrans: la trouppe est infinie
Des peres antiens, des sacrificateurs,
Des Iuges, Princes, Roys, de noz legislateurs
Des Patriaches saincts, des Prophetes, des Anges,
Qui chantent leur bon heur, & à toy des louanges.

A toy dis ie Seigneur, qui roide iusticier,
Chasties le brigand; l'assassin carnacier,
Le perfide arrogant, le menteur, le rebelle,
Le mondain, l'oppresseur, l'idolatre infidelle,
Attendant que le Christ, ton fils qui t'est si cher
Au ventre d'vne vierge assuble nostre chair,
Paye pour tous la debte, & que sans nulle escorte
Il saccage l'enfer, & au Ciel les transporte,
Que couuert de lauriers, il dompte genereux,
Le tiran faulce foy du manoir tenebreux,
Dissippe ses suppos, & bridant leur audace,
Les rende assubiettis a nostre humaine race:

Moy seul suis lamentant, & mon raucque palais
De brasmer apres toy ne cessera iamais,
Iusqu'à tant que mes criz atirent ta iustice,
Pour punir icy bas le forfaiĉt, & le vice,
De l'ingrat, qui gorgé d'vne mer de biens-faits,
A pollu ton sainct nom, & a des veaux d'or faičts,
Aux idolles de boys, à l'argille, à la pierre,
A basti des autels, mis les genoux en terre
Pour leur sacrifier, & pis qu'incirconcis,
A souffert par sur toy, le Dieu Bal èstre assis:

A ij

A planté des vergers, faict construire des temples
A la Royne du ciel, & des reuenuz amples,
Par la force rauiz à tes bons seruiteurs,
Sacrilege enrichy ses prestres seducteurs,
Lesquels pensant bannir ta loy de Samarie,
Et y planter felons leur vaine idolatrie,
Ont esmeu forcenez ces troubles contre moy,
Me rendans odieux à la Royne & au Roy,
Pour n'auoir ma valeur, & mon masle courage,
Peu souffrir en mon temps l'iniurieux outrage
Qu'ils faisoient à ton nom, & beant spectateur,
Flattant le mal des grands, m'en rendre le faulteur,
N'ayant aussi voulu, craignant le vitupere,
Vendre ny permutter le bien, que feu mon pere
Me laissa, desireux de faire le pareil
A mes fils & nepueuz, descendant au cercueil,
I'ay congneu combien vault la terre, & metairye,
Que voysine de pres plus grande seigneurye,
I'ay senty combien est cruel & sans mercy,
Le courroux d'vne femme àmal faire endurcy:
D'vne femme qui n'a, que la face de femme,
D'vng serpent au dedans, d'vng dragon vomiflame,
D'vn demon fremissant, d'vng Esprit infernal,
Euoqué des lieux noirs pour ne faire que mal,
D'vne horrible megere, inhumaine, & si fiere,
Qu'elle prend à desdain toute humaine priere,
D'vne fere sauuage, & qui porte vng rocher
Au fond de l'estomac au lieu d'vng cœur de chair,

Qui de la mort des tiens gloutonnement auide,
Ne se paist que de sang, de meurtre, d'homicide,
De fer, de feu, de fouets, de gehennes de tourments
De cachots tenebreux, & de bannissemens,
Sans que ce cœur ferré, cette ame acherontée,
De tant de corps meurtriz puisse estre contentée:
    Ains comme le courroux d'vng brasier allumé,
Se montre daultant plus à brusler animé,
Que plus en son chemin, il rencontre opposeé
D'abondante matiere, à sa rage ambrasée,
Sans cesser de ribler, & courir, consommant
De plancher en plancher l'esleué bastiment
Iusquà tant que couppant vne grande longere,
Par l'obiect recullé lon bride son collere:
Tout de mesme s'accroist, & plus vient à s'apprir
Sa brutalle fureur, que plus el' faict meurtrir
De ceux là, qui bruslez de ton amoureux zelle,
Sont cheuz en la mercy de ceste ource cruelle,
Qui nourrie du sang du peuple circoncis,
Ne cessera iamais que tout ne soit occis:
    Si bien que pour sauuer si peu d'ames pieuses
Qui restent escartez dans les forests ombreuses,
L'espoir gist en la fuite, & au lieu d'approcher
Pour arrester son feu, fault oster le buscher:
Il n'est icy besoing seigneur que ie te die,
L'outrecuidé dedain, la menassante enuie,
Le reffroigné despit, le rouge maltalant,
Dont elle va tes saincts iour & nuit martelant,

A iij

Sachant combien de fois les grottes plus secrettes,
Entre les animaux ont esté leurs retraittes,
Sachant comme en son feu, les tendres innocens,
Ont rougi massacrez, ces cousteaux meurtrissans:
    Tu vois aussi seigneur, comme vsant d'artifices,
Poussant de faulx souspirs, & s'aidant de blandices,
D'anchantemens trompeurs de noms ensorcelez,
Bruslant les os des morts, faisant les poincts couplez,
Changeant par art menteur pour se rendre plus belle,
Ses rides, & ses peaux, au teint d'vne pucelle,
Elle a charmé les sens, & l'humaine raison,
De son simple mary, par magique poison,
En sorte qu'il ne croit, & qu'il ne peult rien faire
Que tout ce qu'elle veult, mesme que pour luy plaire,
Il a plain de mespris, au pieds foullé ta loy,
Et aux dieux estrangers faict l'hommage & la foy,
Qui muets, & sans yeulx, qui bronzes inutilles
N'ont peu te resister, forceant les forts, & villes,
Des peuples, qui seduits, pensoient les inuocquans,
Rompre tes regiments qui s'en alloyent mocquans:
Ignorant peu ruzé, que l'amour d'vne femme,
Bien qu'en bel apparat, seble plus chaud que flamme,
N'est qu'vne fiction, & que cette apre ardeur,
N'eschauffe l'estomac, ny l'ame, ny le cœur,
Ains seulement ce paist, & prend sa nouriture
Sur le bord dela leure, en sorte qu'il ne dure,
Qu'aultant qu'est permanent, la voix, & le parler,
Qui se pert aussi tost, qu'il est poussé par l'air.

Et comme on voit souuent, l'errante forestiere,
Acheuant de respondre à la chaste bergere,
Que vuide de l'amour, accommodoit sa voix,
Au murmure des eaux, aux oysillons des bois,
Quitter ce chant diuin, pour aussi tost reprendre
Les accens debordez, qu'elle viendra d'entendre
D'vn satyre rageux, de fureur attisé!
De mesme cest esprit vollage, & deguisé,
N'aura si tost perdu la presence d'vn homme,
Qu'à linstant vn brandon tout nouueau, ne cõsomme,
Son cœur tres desloyal, sur le premier suiect,
Que luy presentera le hazard pour obiect.

O quatre fois heureux celuy, dont la prudence,
Ne se laisse empestrer, aux lacets d'inconstance,
De ce sexe subtil, semblable au Crocodil
Se plaignant faulcement sur la riue du Nil,
Qui lors qu'il veult tromper, picorer & destruire,
Farde son œil de pleurs, sur sa face faict luire
Vn ennuy decepueur, & soubz ce faulx semblant
Attire pres de soy le credulle passant,
Qui saisi de frayeur, ressent trop tard faict sage,
De ce cault animal, & la ruse & la rage.
Car l'oyseleur n'a tant de gluaux, de filets,
Le pescheur d'ameçons, ny le veneur de rets,
Pour prendre les oyseaux, les poissons, & les feres,
Et rauir les petits aux peres, & aux meres,
Que la femme a d'apasts, pour seduire & tromper,
Ceulx qui plus delliez, font estat de piper.

Charmant d'vng teinct fardé, leur trop debille veüe
Par l'a morce qu'el scait iecter à l'impourueue,
Inconstante, legere, & vollage, suiuant
Le changeant naturel de la Lune, & du Vent,
Rend tousiours malheureux, & remply de misere
Celuy, qui se confie en chose si legere,
Et Qui faulte d'aduis, reuere pour seigneur,
Le superbe artisan de tristesse, & douleur.
    Ce ne fut sans raison, que plain d'experience,
Nostre sage Empereur, abhorrant l'impudence,
Les ruses, les trahisons les souspirs, & les pleurs,
Les sanglots empruntez, & mille aultres couleurs,
Desquels la femme farde, & deguise ses armes
Pour seduire, & tromper, les plus fidelles ames,
A recongneu plus seurs les lieux inhabittez
Que les riches palais, les pompeuses cittez,
Plaines de feu, de sang, de poyson, derapine,
Donc ce paist le courroux de la femme mutine
Pareille à celle-cy, qui d'vne rogue voix,
Se vante d'abolir tes decrets & tes loys,
Et que de son voulloir, & sotte fantaisie,
De ses pauures subiets depend la mort, & vie,
Estimant qu'ils soient nez comme les animaux,
Que l'impiteux boucher tous recreuz de trauaux
Tire de la charrue, & cruel leur aduance
Vne mort outrageuse, au lieu de recompence.
    Le sang de mes enfans par elle repandu
T'appelle à leur secours, & mon corps estendu
                                        Sur

Sur la Terre se void, priué de sepulture,
Comme si i'estoys mort pour quelque forfaicture,
Accusé faulcement d'auoir medit du Roy,
Blasphemé ton sainct nom, mal parlé de la Foy.

Touteffoys congnoissant que pour auoir ma vigne,
Achab, & Iezabel, ont faict ce meurtre insigne,
Tu souffre viure ceulx, qui par leur faulx rapport,
Ont trahy mon honneur, & aduancé ma mort,
A ce faire incitez, par dons & par promesses,
Qui corrompent souuent les ames larronnesses,
Estant coupables seuls de l'horible tourment,
Des peines, des trauaux, du mortel iugement,
Que le peuple abusé, pensant faire Iustice,
Executa sur moy, me donnant le supplice,
Ne pouuant presumer que de ses gouuerneurs,
Pour la crainte de perdre & estats, & honneurs,
La vertu peult flechir, aux lettres d'vne femme,
Pour se souiller venaulx de meurtre, & de diffame,
Pour complices ce rendre, ô faict trop plein d'orreur!
De la mort de Nabot, & voller son honneur,
De la mort de ses fils, de l'infame pillage,
Commis iniustement sur son pauure heritage.

S'il est ainsi seigneur: que n'enuoys tu la mort,
Enferrer les meschans, qui me tiennent ce tort?
Sy tu prends le party de celuy qu'on oppresse,
Que ne fays tu tomber en ta main vangeresse,
Le tiran, l'oppresseur? que ne fais tu monter
Mil esprits tenebreux, affin de tourmenter,

Et punyr impiteux d'vne main aduersaire,
Les forfaicts odieux de ce fol temeraire,
Eslançans dans son sein leurs serpents enrouez,
Mordans, & venimeux, & de fouets renoüez,
Deschirans sans cesser des pieds iusque a la teste,
Ceulx qui contre les tiens bruyent comme tempeste?
Pourquoy fut chatié l'auare laboureur,
Pour auoir enuieux detruict en sa fureur
Son frere plus deuot ? pourquoy le Sodomite
As tu bruslé tout vif, pour sa vie maudite?

    Pourquoy fut Amalec barbare exterminé;
Et en Cabrotaba ton peuple mal mené?

    Pourquoy furent Dattan, Abiron, & leur race
Abismez aux enfers, ayans par leur audace
Fasché ton seruiteur ? & pourquoy fut Coré
Par vng feu rauissant & les siens deuoré,
Pour auoir orgueilleux d'vne main temeraire,
Presenté de l'encens deuant ton sanctuaire?

    Pourquoy t'ous les meschans lors qu'ils tont depité
Ont ils senty l'effort de ton bras irrité,
Sy ce prince outrageux par vng apprentissage
De leurs malheurs passez n'estant de rien plus sage,
T'offence à tous propos ? te meprise en tout lieu:
Massacre tes amis:doute si tu es Dieu
Qui maintienne les tiens? si tu prends cognoissance
Des choses d'icy bas ? si ta diuine essance
A cure des mortels ? Que te seruent là hault
Tes fouldres, tes esclairs, puis que poinct ne te chault

De les faire gronder, & plus menu que gresle
Descendre & pettiller sur la race cruelle
D'Achab, de Iezabel, afin que ta rigueur,
Apporte à noz nepueux la peur, & la terreur,
De t'offenser iamais & que toute la terre
Redoubte à l'aduenir le feu de ton tonnere?
Ainsi tout satisfaict, retournant d'où ie viens,
Descendray plus content aux champs Elysiens.
Ne desirant iamais reuoir ce meschant monde,
Où vice sur peché, malheur sur mal abonde,
Où ne regne qu'orgueil, Vsure, Ambition,
Mespris, desloyaulté, trompeuse fiction,
Où ton nom n'est plus craint, où ta saincte doctrine
N'eschauffe ny le cœur, ny la froide poictrine
Des humains aueuglez, des auares mortels,
Lesquels au lieu d'offrir sur tes fumeux aultels
Des sacrifices purs, & deuotes offertes,
Rauagent furieux, & ont rendu desertes,
Tes maisons d'oraison, & tes temples voultez
    Contemplent fremissans leurs salles voluptez
La Veufue, le vieillard, l'orphelin miserable,
Leur seruent de butin, & de proye agreable,
Sans crainte d'estre veuz de toy, qui tout puissant
Vas de feuz eternels tels delicts punissanr,
Qui chasties ireux bien que par foys tu muses,
Ceulx qui tels attentats pensent couurir d'excuses;
    Et qui voulant en fin meu de compassion,
Nous redonner la vie, & la possession,

De la quelle iadis nostre ayeul premier homme,
Nous priua, conuoiteux de manger d'vne pomme
Enuoyras le Messie, auecques tout pouuoir
De perdre les meschans, d'ordonner, & pouruoir
Du salaire des bons, & qu'en toute affluence,
De leurs suans trauaux il ayent recompence,
Qu'immortels d'euenuz, & comme petits dieux,
Il commandent par tout en la Terre, & aux cieux,
Qu'assys aupres de luy, comme asseseurs fidelles,
Ils iugent sans appel ces ames criminelles
Qui lors qu'ils ont vescu, les auoyent à mespris,
Les nommans idiots, insensez, mal-apris,

CHOEVR.

DEPVIS Que la Cupidité
Esclaue l'auare a heurté
A suiure le gain des-honeste,
Alors maistrisant ses espris,
Le rendant de fureur espris,
D'homme il deuient pys qu'vne beste:

   Et mesprisant de Dieu la main,
Plus cruel qu'vn Tigre inhumain,
Violle tout droiɛt, & Iustice,
Massacrant les plus gens de bien,
Pour r'auir leur paternel bien,
Et assouuir son auarice.

   Il se rend de tous ennemy,
Et en ses pechez endormy,

Ne se souuient du Dieu celeste,
Qui bien qu'il differe souuent
A chastier le mal viuant,
En fin luy darde sa tempeste:
   Ne laissant iamais impuny
Celuy qui du tout a banny,
La Souuenance de sa force,
Faisant congnoistre coleré,
Que ce qu'il auoit differé,
Estoit pour donner plus d'entorse.
   Que dira til donc de la mort
Que vient de receuoir à tort
Nabot, par grande ignominie?
Sans doubter il le vengera,
Et foudroyant abismera,
L'autheur de telle felonnie.
   Car le sang du iuste espandu
Criant, est tousiours entendu,
Et paruient iusques aux oreilles
Du Dieu vengeur, qui faict pleuoir,
Des grands tresors de son auoir,
Vn occean de ses merueilles.

Fin du Premier acte.

ACTE DEVXIEME.

LE PROPHETE ELIE.

DIEV *de nos ayeulx, dõt le iuste colere*
A pour auant-coureur la clemence
d'vn pere,
Qui trop tendre des siens doucement les
reprend,
Et premier que punir longuement les attend,
Qui n'as iamais vengé les faultes à toy faites,
Sans auoir milles foys enuoyé tes Prophetes,
Milles seignes en l'air, milles prodiges saincts,
Pour anoncer çà bas tes celestes desseings,
Afin de nous induire à faire penitence;
Et par ieusnes, & pleurs, preuenir ta clemence:
Te souuienne Seigneur du sollennel serment
Qu'au mont de Moria tu fis premierement.
A nostre pere Abran, iurant que sa semence
Surmontroit le grauier de l'occean immence,
Ne fouldroye d'enhaut les traicts de ta fureur,
Pellemesle accablant le iuste & le pecheur:
Ne permets le payen verser à coups de picque,
Le cler sang de Iacob, ton heritage vnique:

N'endure que les bons pour le faict des meschans
Sentent le dur acier de tes glaiues tranchans:
Tu es le laboureur, qui prouide n'endure
Auecques le bon grain, l'yuroye, ou autre ordure,
Qui trie les agneaux, & les trouppeaux lainuz,
D'auec les puants boucz, debordez, & cornuz,
Pour chastier les vns & donner recompences,
Selon que meritront leurs vertuz, ou offences.
 Ne souffre donc Seigneur, enferrer au tombeau,
Pour l'erreur du pasteur, le reste du trouppeau:
Tu sçais helas! comment tout forcené de rage,
Il a faict massacrer sans discretion d'aage,
Les tiens, qui cheminans par tes diuins sentiers,
Se sont tousiours gardez purs, nets, sains & entiers,
De ses pollutions, en sorte qu'il ne reste
Auiourd'huy garantys de ceste horrible peste.
Que ceux, que les aguetz de la fille d'Ebal,
N'ont peu deprehender, pour leur faire du mal,
Ou ceux, qui nez depuis que Iheroboan trahistre
Dix lignees rauit sur son seigneur & maistre,
Qui conçeuz, & nourris, de mauuaises humeurs,
Ont pris (Chameleons) de leurs princes les meurs,
Et faute d'estre instruicts, lors qu'ils pensent biē faire
Ne font que t'offenser, courrousser, & deplaire:
 Ha petit vermisseau! he! qui te faict voller
Aupres d'vn si grand feu, pour tes ailes brusler?
 Qui te faict abortif, arguer, & reprendre
Ce que le sainct des saincts a vouloir d'entreprendre?

Obeis promptement:que la punition
Du prophete abusé,meurtry par le Lyon
Pour estre retourné, te serue icy d'exemple,
Sans du diuin vouloir chercher cause plus ample:
  Va courrier effroyant, dis leur que la douceur
Qui chasse cruauté ne se paist que de pleur,
Ne peut plus s'opposer, & faire resistance
A Iustice sa sœur,qui grosse de vengeance,
Ne se contentant pas d'auoir chassé d'Edan,
D'vn glaiue flamboyant,le trop credule Adan,
Vient d'vn affreux regard œiladant ceste terre,
Tout pauer de corps morts,de fer,de feu,de guerre:
  Dis leur que tous les fouets du Ciel trop irrité,
Viennent pestrir aux pieds ceste pauure Cité:
  Haste toy de crier,que la longue famine,
S'en vient palle d'orreur descharner leur poictrine,
Et que les Animaux(bien que sans coulpe nez)
Seront en ce desordre espars exterminez.
  Ia ie voy de ses os les alesnes passees
Au trauers de son cuir,ses grand dents deschaußees
Parroistre dans sa bouche, & ses vuides boyaux
Se conter vn à vn au trauers de ses peaux:
  Son nez au crane ioinct, & pour toute criniere
Ne parroist que le test & deuant, & derriere,
Sa ioue à l'autre tient, & ses yeux enfoncez,
Ressemblent deux grãds troux tout au trauers percez,
Ses costez descharnez,son esthomac aride,
Monstre que pour tout vêtre elle n'a riẽ que du vuide,

Ses

Ses hanches, & genoux, tremblotans eſtanduz,
Sont de nerfs cricquectans, a leur ſarche pendus,
Son goſier alteré de l'ardeur qui la preſſe,
Faiſt qu'au lieu de repos, elle baille ſans ceſſe:
Bref ce larue hideux, eſt tellement gloutton
Que tous les Citoyens de l'enterré Pluton,
Ceux que nourit Ceres, les bourgeois d'Amphitrite,
Le Ciel, la mer, la terre, elle trouue petite
Pour aſſouuir ſa rage, & ne luy ſemblent pas,
A peine ſuffiſans pour luy faire vn repas,
Ains bourreau de ſoy meſme, auec fureur eſtrange,
Pour remplyr ſes boyaulx, ſes entrailles remange:
Qui pis eſt, de l'enfer, & de l'affreuſe nuiſt,
Les filles bouttes feux, cruel il aconduit.
La guerre verſe ſang la difforme ruine,
Laccompagnent par tout, par tout où il chemine
La cruaulté, l'horreur, le degaſt, & l'orgueil,
Le ſac, l'impieté, la pauureté, le dueil,
Le deſordre, l'effroy, l'embraſement, la fuite,
Sont tous les Collonnels du ſanglant exercite,
Que ceſt affreux demon aconduit a grand, pas,
Pour te perdre Iſrael, & forcer au tres-pas.
Ceulx la ſont infiniz, que la guerriere lame
Oultrageuſe a deffaiſtz, que la brillante flame
Eſparpille par l'air, que les loups, & corbeaux
Enterrent dãs leurs flancs pour ſomptueux tombeaux.
L'onde engloutit les vns, & ceulx auſquels la vie
Pour plus aſpre torment, n'a poinſt eſté rauie,

C

Ont le dos recourbé soubz le seruile poix,
Des chesnes, & des ceps, que les seueres loix
Du barbare vainquenr, en signe de conqueste,
Leur attachent aux pieds, aux mains, & à la teste.

Les vns mussez au fond des antres plus cachez,
Sont trouuez aussy tost, & en pieces hachez :
Les plus vistes du pied, se iettans des murailles,
Remplissent les fossez d'horribles funerailles.

Le temple, & les aultels, de sang tous empourprez,
Les riuages, les champs, les forets, & les prez,
Aians changé de teint, font parroistre à la veue,
De l'ennemy commun la rage, & la venue,
Qui meurtrissant noz Roys comme le plus petit,
Assouuist tygre chien, son lubrique appetit,
Sur le corps demy-mort de la femme, en presence
Du mary prisonnier, qui perdant patience,
S'escrie, se debat, se deschire, se mort,
Se iette contre terre, & inuoque la mort,
Qui sourde à ses souspirs, s'en fuit par l'aultre porte,
Pour voir de ce costé, le soldat qui trans-porte
Les enfans du berceau, les vierges captiuant,
Et du sang d'Israel les plaines abreuuant.

Mais à qui plaindras tu peuple ingrat ton martire,
Veu que ton seul delict sur toy mesmes attire
Le courroux du Seigneur, par ce que tu le suis
Des leures seulement, & du cœur tu le fuys?

Combien t'ai-ie de fois voulu donner entendre
Le malheur, qui s'en vient sur ta teste descendre?

Las! en combien d'endroits m'as tu veu lamenter,
Te voiant endurcy, sans vouloir escouter
Les moyens que ton Dieu t'enuoyoit pour dissoudre
Son colere allumé, pour te reduire en pouldre
Ce florissant estat, permettant ô! douleurs!
Contre les oinctz sacrez, s'armer les seruiteurs,
Et arracher brigands, d'vne main trop felonne,
Aux iustes successeurs le sceptre & la couronne?

Les massacrer aux ieulx de leurs subiects trēblās,
Quy sans s'oser mouuoir, saisiz d'estonnemens,
Voiront leurs Princes morts, leurs Princesses iectees
Par les carneaux fenduz des tourrelles crestees?

Helas! aduise toy, tu peuz encor assez
Deplorer ton forfaict, tes pechez entassez,
Et demander pardon au grand Dieu, qui prefere
Sa clemence à rigueur, quand nostre ame faultiere
Se retourne vers luy d'vn cœur doux, & humain,
Sans garder du peché le retaté leuain.

Mais ie differe trop, il faut qu'en diligence
I'aille trouuer le Roy, luy remonstrer l'offence
Qui le rend odieux, affin que repenty,
Il appaise son Dieu, le voyant conuerty.

Que si trop endurcy, ma parolle amyable
Trouue vn Rocher, au lieu d'vne ame raisonnable,
Au moins ie luy diray ce qu'vn bon seruiteur,
Ne doit iamais celer à son Prince & Seigneur,
Estant plus genereux supporter sa menasse,
Que flattant son peché, garder sa bonne grace.

Ie crois que le voicy, qui plein d'ambition,
Va du bien de Nabot prendre possession.
Ie m'enuois l'abboucher, luy remonstrer, & dire,
La volonté de Dieu, son courroux, & son ire.

Dieu vous face mercy (Sire) qui vomissez
Le sang frais respandu des pauures trespassez,
Dieu detourne de vo⁹ ses fouetz, ses feuz, ses gễhễes
Que l'horreur de vos faictz merite pour leurs peines!

Du bon pere Nabot, meurdry le iour d'hier,
Estes vous presomptif, & vnicque heritier?
Ou bien si luy viuant, sans aucune contraincte
Auez son bien acquis, de sorte que sans craincte,
Sans honte, sans rougir, vous puissiez vendanger
Son vignoble, & ses grains en vos greniers ranger?

O cruel! ô felon! auez vous le courage
L'ayant faict massacrer, voller son heritage?

N'apprehendez vous poinct la celeste grandeur,
Qui ia brandist sur vous l'esthoc de sa fureur?

Pensez vous eschapper la rigeur, la Iustice,
De ce grand Dieu du Ciel, qui deteste le vice,
Moindre que le peché, que vous auez commis?

Vous a-til esleué, dessoubs vos loys scubsmis
Son peuple d'Israël, la riche Samarie,
Demembré de Iuda si grande seigneurie,
Priué le legitime, & d'vn prouide soing
Couronné vostre chef, ensceptré vostre poing,
Affin qu'à mesme temps ingrat tres-detestable,
Vous le blasphemassiez d'vne langue execrable?

Quittaſsiez voſtre loy? que rougiſſant Lyon,
Vous humaſsies le ſang des Princes de Sion,
Des Prophetes, des Sainêts, & rongé d'auarice,
Pillaſsiez leurs moiens, abuſant de iuſtice?
Iheroboan, Baſa, l'infortuné Zamry,
Voſtre pere odieux vſurpateur Amry,
Ont ils ſçeu preſenter la moindre reſiſtance,
Pour s'oppoſer tirans, au veil de ſa puiſſance?

Vous ſçauez toutesfois que vos enormes faiêts,
Surpaſſent de ces Rois les iniques forfaiêts,
Les durs comportemens, les crimes reprochables,
Qui les tiennent au feu des enfers miſerables!

C'eſt pourquoy delegué ie ſuis par l'Eternel
Pour vous dire, que veu le proces criminel
Intenté contre vous, & trouué trop coulpable,
Il a donné tonnant arreſt irreuocable
Que bien toſt vous mourrez, & que ſans ſucceſſeurs
Vous prendrez meſme fin que vos predeceſſeurs.
Ach: Qui eſt ce filz de mort qui ſi libre cacquette?
Elie: Tel q; vo° m'eſtimez, ſi ſuis-ie hõme Prophete.
Acha: Prophete! he! de quel Dieu? Elie: ha! Prince
      abandonné!

Ach. Voyez ceſt eſtourdy comme il faiêt l'eſtonné.
Elie: Ie ne ſuis eſtonné, mais remply de conſtance
Vous ſuis venu preſcher le fruiêt de penitence,
Qui conuerte de pleurs ayant & nuiêt, & iour,
La crainte pour compagne, & le diuin amour,
Force le Dieu viuant, par vng ſouſpir auſtere,

De retracter souuent sa sentence seuere.
Ach. *N'apprehende tu poinct que par trop irrité,*
Ie fasse chastier ta grand temerité?
Qui es tu? Elie, *Seruiteur de Dieu qui tant abhorre*
Celuy, qui comme vous, autre que luy honnore.
Ach. *Qui peut estre ce Dieu, tãt braue & si puissãt,*
Qui a tãt d'immortels va l'hõneur rauissant? (fence,
Elie: *C'est ce grãd Dieu d'Isaac, qui las de vostre of-*
Voulant vous faire voir vn traict de sa puissance,
S'en vient vous courrir sus, pour garantir le corps
Par vous membre infecté, qu'il veut ietter dehors.
Ach. *N'es tu pas cest Ely, ce peruers chatemite,*
Qui perturbe Israel? qui meschant hypocrite,
Destourne mes subiects par tes discours menteurs,
De m'estre obeissans, & fermes seruiteurs?
M'as tu iamais en rien congneu ton aduersaire,
Pour m'anonçer sans fin toute chose contraire?
Que t'ay-ie faict, dis moy, pour ainsi t'opposer
Contre tous mes desseings? ho! qui te faict oser
D'ainsi parler à moy, qui peux si bon me semble,
T'arracher le caquet, & l'ame, tout ensemble?
Elie *Ie ne suis hypocrite, & ne suis imposteur,*
Ie ne suis chattemite, & aussi peu menteur,
Ie n'ay dissuadé par vayne medisance
Le respect à vous deu, la ferme obeissance:
Mais i'ay trop de subiect de me plaindre de vous,
Pour auoir prouocqué le Seigneur à couroux
Immolant miserable! aux dieux de terre estrange,

Que le ver sans secours, & sans aide, remange:
C'est vous qui perturbez du peuple le repos,
Qui d'iniques fardeaux, auez chargé son dos,
Ce sont voz lourds pechez, & ceulx de vostre pere
Qui chassent du grand Dieu, la bonté coustumiere.

Pensez vous menassant pouuoir espouuanter
Celuy, qui s'en riant, ne souffre tourmenter
Le plus petit des siens, qui portent sa paroïle
Sans crainte de la mort, plus viste que ne volle
Le cerceau plus isnel, dont les ailles du nort,
Euentent de Thetys, & la playne, & le bord?

Vous deburiez abbaisser deuant sa claire face,
Et luy crier mercy, pour impetrer sa grace,
Non bouffant en orgueil, & tout remply de vent,
Plus dur qu'vn Pharaon, plus fier qu'auparauant,
Mespriser aueuglé, sa trop doulce clemence,
Qui ne veult du pecheur que l'humble repentance,

Mais par ce qu'il congnoit vostre cœur obstiné,
Entendez ce qui est de vous determiné,
Car ce grand Dieu ialoux, d'vn fouldroyant langage,
A remply de ces mots, l'arrest de vostre orrage:

Ou le sang de Nabot, Achab fit repancher,
Là ie feray le sien, par les mastins lecher,
Ie veux que tout malheur tellement le terrace,
Qu'il ne demeure aulcuns de sa mauldicte race,
Pour porter apres luy, couronne sur leurs chefs:
Ie veux gresler sur eulx, tant & tant de meschefs,
Qu'il ne reste vn tout seul de ceste orde canaille,

Depuis celluy qui peult pisser à la muraille,
Depuis l'enfant du bercz, depuis les mieulx formez
Iusques aux embrions és ventres enfermez:
I'enuoyré le vangeur, les rudes destinées,
Gourmander tellement ces ames malmenées,
Que les charongneux chiens, deuoreront les morts
En la ville trouuez, & ceulx la qui dehors
Seront habandonnez de l'humeur donne-vie,
Rempliront des Vaultours la poitrine allouuie,
Sy bien que tous les siens, & morts & demeurez,
Ne trouueront pour eulx aulcuns lieux asseurez.

Ieroboan Nadab & leur morte memoyre,
N'ont point beu laconit d'vne poison si noyre,
Que celle qui s'en va de son fumant tyson
Estouffer, abismer Achab & sa maison,
Armant contre son nom & le ciel, & la terre,
Et tous les Elements, pour luy faire la guerre.

La charongne, & le corps puant de Iezabel,
Exposé tout aupres des murs de Iesrael.
Seruira de pasture & aux chiens, & aux lices,
Pour expiation de ses grands malefices:
Le tout arriuera dedans fort peu de iours,
Sy par ieusnes & cryz, ne destournez le cours
D'vne mer de douleurs, qui s'en vient furieuse,
Noyer en ces malheurs vostre race odieuse,
Sãs que tous voz faulx dieux vous puissent secourir
Contre ce dur arrest, car il vous fault mourir.

LE PROPHETE S'EN VA.

ACHAB : O Dieu quelles fraieurs, quelles terreurs
   soudeines,
Fourmillent dans mes os, & me glacent les veines?
   Quel soucy renaissant, quel desastre vainqueur,
Esclaue mes esprits, & maistrise mon cœur?
   Qu'est deuenue Achab, ceste braue asseurance,
Qui subiugant les Rois, a dompté l'arrogance
De tant d'ennemis fiers, qui sont venus camper
Deuant tes bataillons, & pensans se tremper
Au sang de tes soldats, ont senty tes mains fortes,
Moissonner par le fer, leurs plus braues cohortes?
   A! Prophete où vas tu! pourquoy m'as tu blessé
De tant de pensemens, sans m'auoir relaissé
Quelque remede prompt, pour alleger ma peine,
Et induire à pitié la bonté souueraine?
Tu m'es trop rigoureux, & ton seuere port,
I'apprehende cent fois plus, que la dure mort!
   Au moins pry Dieu pour moy, puis que ie suis indi-
Qu'il entende mes cris, donne moy quelque signe (gne
Que tu veilles pour moy! fais que mediateur,
Ie puisse recouurer sa grace & sa faueur!
Las! tu me laisse oultré de plus dures trauerses
Que ces esprits perduz, que ces ames peruerses
Punies chés Pluton, qui pour les consoler
Ont cent milles pareil, forcez d'y deualler.
   Ha ― Prince infortuné, plus remply de disgrace,

Que le sanglant voleur dedans la fosse basse,
Lequel venant d'ouir son arrest prononcer,
Tremblote à chasque fois, qu'il entend le tousser
Du maupiteux geollier, pensant ia qu'il l'appelle
Pour trainer au gibet son ame criminelle!
IEZABEL. Hé? qu'auez vous Mõsieur? ACHAB.
    Retirez vous d'icy!

IEZABEL. Las! que vous ay ie faict mon ame, mon
    soulcy?

ACHAB. Ostez vous, laissez moy, vous estes
    importune;

IEZABEL. Quel subit changement, quelle ingrate
    fortune,
Vous a faict si soudain oublier l'amitié
Qui bien-heuroit iadis vostre chere mõytié?
ACHAB. Le changement est bon, quand la raisõn
    nous tire
Du vice à la vertu. IESAB: he! que voulez vous dire?
Qu'auez vous recongneu sur moy, pour m'affliger
De ce fascheux rebut? voulez vous engager
Mon ame entre les morts, destournant vostre face,
De celle qui ne peut viure sans vostre grace?
ACHAB Sous ce deguisant fard, c'est couué le poison,
Qui m'accuse vers Dieu de lache trahison!
IESAB Monsieur ie n'entends point ce que voulez
    comprendre!
ACHAB Il n'est si mauuais sourd, que celuy qui
    entendre

Ne veut la verité! IESAB: vous me ferez mourir,
Ne voulant autrement voſtre ennuy deſcouurir:
En ſuis ie poinct la cauſe ? ay-ie point temeraire
Fait choſe imprudemmēt qui vous ait peu deſplaire?
ACH. Vous me feriez beaucoup de plaiſir, me laiſſāt
Gemir, & remaſcher mon ennuy languiſſant,
Sans m'affliger encor d'vne parolle vaine
Attiſant ma douleur, & redoublant ma peine!
Laiſſez moy lamenter, & deſcendre au tombeau,
Puiſque le ſort haigneux, d'vn emoullu cizeau
Veut accourcir mes iours, & baſtir ſon trophee,
Sur le freſle piuot de ma gloire eſtouffee!
IESABEL Que veut dire cecy? quel grand eſtōnemēt,
Vous a peu ſi ſoudain troubler l'entendement?
    Quel preſage mutin, quel menſonger augure
Vous tenaille les ſens d'vne douleur ſi dure?
    N'eſtes vous pas Achab dont le riche bon heur,
A touſiours fait trembler le ſiniſtre malheur,
Qui n'oſant s'attacquer à ſi forte conqueſte,
Vous a ſeul exempté de ſa rage funeſte?
    He! dictes moy Monſieur, qui cauſe ainſi ſoudain,
Cete mer de ſenglots, flottans ſur voſtre ſein?
On dit que l'afligé, grandement ſe ſoulage,
Quand à ſon amy cher, il cōte ſon dōmage, (l'autheur
ACHAB. Celuy qui de nos maux eſt la ſource &
Ne doit porter le nom d'amy, mais de flateur.
IESAB De qui vous plaignez vous Monſieur? ACH.
    C'eſt de vous meſme.

IESAB *He! bons dieux qu'ay-ie faict? ACH. Causé ce*
mal extresme:

IESAB: *Pour soulager son mal, il le faut descouurir,*
Autrement le celant, vous ne sçauriez guarir:
ACH. *Las! ce seroit trop tard, rechercher miserable*
L'inutile secours, de ma playe incurable,
IESAB: *Quelle playe? quel mal? quel angoisseux tour-*
Poussent tant de souspirs, vomis incessamment (ment
De ce braue estomac, que la crainte peureuse,
Ne sçeut iamais toucher d'une attainte honteuse?
AHCAB: *Du grãd Dieu de là sus, le Prophete a tõné,*
Qui mon cœur, & mes sens, a si fort estonné,
Qu'il me semble desia recepuoir sur ma teste,
Le fouldre punisseur de sa rouge tempeste.
IEZABEL. *Helas! est ce, à ce coup, que le cruel destin*
Plus acharné sur nous, que l'auide mastin,
Sur le corps infecté du bœuf, ou de la vache,
Vomist tous ses venins, & ses monstres detache
Pour perdre & desoler nostre pauure maison,
Vous priuant mon soullas du bien de la raison?
  Quoy! pour auoir permis un cagot, un hermite,
Bastelier deuant vous, que d'une mort subite,
Vous deuiez sur le chãp cõme un traistre, & larõ,
Enuoyer au profond du bourbeux Acheron,
Au lieu d'adiouster foy sur l'euident mensonge,
Que ce sot, ce resueur, de iour & de nuict songe:
Voulez vous chagrigneux reiecter le conseil
De voz bon seruiteurs, quy fondent tous en dueil?

ACHAB : *Le cõseil des mortels, l'humaine prouidẽce*
Ne sçauroit resister à si grande puissance.
IEZABEL. *Hà! Monsieur croyez moy, pensez*
      vous qu'vn cayment,
Qui ne gaigne son pain qu'alors que plus il ment,
Ait pouuoir vous fascher ? que son cafard langage,
Au futur incongneu bien, ou mal vous engage?
Reposez vous sur moy ; ie luy feray chanter
Toute vne autre chanson: quoy ! d'oser attanter
De contrister vn Roy! d'vser de sortillage,
Pour se faire estimer quelque grand personnage!
    Sy ie le puys tenir vne foys en mes mains,
Ie luy feray sentir combien foibles & vains
Sont les bras de son Dieu, duquel il espouuente
Les simples idiots, & leur ame innocente.
    Ie le feray mourir, & tous ses compagnons,
De mil & miles morts, les vallées, les monts,
Les cauernes, les boys, & toute la marine,
Ne sçauroient retarder leur prochaine ruine,
Ne sçauroient les cacher en lieux tant oubliez,
Que trouuez, amenez, garottez, & liez,
Ie ne les face tous escarteller, & pendre,
Et de leurs corps brusiez, au vent ieέter la cendre.
ACHAB. *Tu ne scais Iesabel, combien fort &*
      puissant,
Est le Dieu d'Israel, comme il va punissant,
Celuy, qui comme toy, d'vne superbe audace,
Attire sur son chef l'effeέt de sa menace,

Qui s'eflance horriblant fur les prosperitez
Des Royaulmes fameux, des villes, des citez,
Quand par l'heureux fuccez d'vne fuitte d'ãnees
Ils fe difent autheurs de l'heur des deftinées
Et non luy : qu'y fillant, peult les cieulx abbaiffer,
Et la terre, & les mers, en leur place haulfer.

CHOEVR.

L'ON ne fcauroit affez admirer la clemence
    De Dieu, vers les humains,
Qui ialoux de leur bien, aorné de patience,
    Leur tend toufiours les mains :
Et ne fe laffant poinct de leur eftre propice,
    Defpefche fes courriers,
Affin de les tirer du bourbeux precipice,
    Et mettre en fes fentiers :
Se monftrant auffi prompt à changer fa fentence,
    Ses arrefts rigoureux,
Qu'ils font prefts d'abiurer leur criminelle offence,
    Et forfaicts malheureux.
L'excés de fon amour, fa bonté fouueraine,
    Sont de fi rare prix,
Qu'ils ne fcauroyent iamais par la raifon humaine
    Eftre icy bas compriz :
Mais la fille du temps, la fage experience,
    Par exemples certains,
Graue de fon pinceau les faicts de fa puiffance,
    De merueilles tous plains :

Que si tout à propos, quelque fois il diffère
   De les rendre contents,
C'est affin d'augmenter au double leur sallaire,
   Attendu pour vn temps.
Mais quand blasphemateurs, ils nomment son silẽce,
   Vng mespris d'icy bas:
Qu'ils outragent ses sainꝭs, leur preschãs pœnitẽce,
   Et ne les croyent pas?
Alors il fait sentir par l'aigreur de la peine,
   Qu'il leur faiꝭ departir,
Combien ils sont trompez en l'esperance vaine,
   D'vn trop tard repentir,
Recompensant irreux sa lente negligence,
   Par l'horreur du tourment,
Sans que leurs braymens crys, touchẽt de repentẽce
   L'arrest de son serment.

FIN DV DEVXIESME ACTE.

TROISIESME ACTE.

ACHAB.

’INDOMTABLE *destin aux dieux*
mesmes rebelle
Se monstre esgalement aux humains in-
fidele,
Flotant en l'Occean, de ce monde trompeur,
Entre l'heur, & l'honneur, la honte, & le malheur.
Nostre vie luy sert, sans fin d'vn grand theatre,
Quand de nous il luy plaist folastrer, & s'esbatre
Posant le sceptre en main, la couronne a l'entour
Du chef des plus petits, & d'vn volage tour,
Terrassant au dessous, les Princes formidables,
Les rendant d'Empereurs, esclaues miserables.

Tesmoings en sont Saul, & Dauid, tous bergers.
Qui laissans leurs troupeaux, se sõt faits les premiers
De ce vaste vniuers, forçans sous leur puissance
Les Potentats lointains, leur rendre obeissance.

L'opulent Hethien, le fort Amoreen,
Le Heuien hardy, l'armé Cananeen,
Tous nourrissons de Mars, tous enfans de Bellonne,
Ont esté despouillez de sceptre & de couronne,
Domptez par Iosué, qui bien que seruiteur

Du

Du gendre de Ietro, fauory du bon heur
Meurtrit trente & vn Rois, donnant leur heritage
Au soldat qu'il auoit conduit en ce voiage.

    Tant dautres infinis, dont le thyarre cher,
C'est veu fouler au pieds du champestre vacher,
Nous apprennent asses qu'il faut en tout affaire,
Sagement proiecter, crayonner & pourtraire,
La sseuré fondement, afin que sans danger
Nous puissions à bon port tous nos desseings venger:

    C'est pourquoy, (mon tres-cher, & tres honcré
Temperant auiourd'huy l'emotion premiere (frere,)
Ie ne desire armer sans prendre vostre aduis.
Pour recouurer mes biens qui m'ont esté rauis.

    Vous sçauez comme Adad Prince de la Sirye,
A Ramoth vsurpé sur ceste seigneurie,
Le long temps qu'il s'en tiltre & appelle seigneur,
Mesprisant Israel, & foulant mon bonneur,
Se vantant que ie n'ay ny force, ny courage,
De l'oser attacquer pour venger cest outrage,
Faussant pariure, ingrat, de la guerre les loys,
Tenant de ma bonté la vie par deux fois,
Lors que la corde au col, les deux genoux en terre,
Molissant mon courroux, luy feis trop bonne guerre.

    I'en creue de despit, ie ne puis plus souffrir
Vn diffame si grand, non, non, il faut mourir,
Ou teindre furieux & le bras, & l'espee,
Au sang de l'ennemy iusqu'au coude trempee.
I'ay (graces aux bons dieux) tant de braues soldars,

                              E

Que le monde fremist deſſous mes eſtendars,
Tant de maiſtres de camp, tant de vieux capitaines,
Qu'ils couurẽt & les mõts, & les plus larges plaines

P'ay tant de chariots, tant de fermes picquiers,
Tant d'archers reſoluts, tant de bons Caualliers,
Que quãd ie bats au champ, la terre eſt plus couuerte
D'armes, & de cheuaux, qu'au printemps d'herbe
verte:

Sans parler de Iuda, qui beaucoup plus heureux,
Vous eſleue, & nourrit, tant de Princes fameux,
Que ſil vous plait (Mõſieur) q; nous ioigniõs enſẽble,
Nos armes à ce coup! ſans douter il me ſemble,
Qu'affrontant l'ennemy, nous pouuons le dompter,
Et ſes villes, & forts deſpourueus, emporter.
Ce n'eſt pas d'auiourd'huy, que le bon heur careſſe
Les hommes courageux, que d'vne main maiſtreſſe,
Il couronne de fleurs, de cheſne, & de lauriers
Les hazardeux exploicts des genereux guerriers,
Reiectant loin de ſoy, le poltron, & le laſche,
Le coyon tremblottant, le timide Gauache.
IOZAPH. Le chef eſt plus priſé, qui doute l'ennemy,
Que celuy qui brauant ne le craint qu'à demy.
ACH. Où cõmande la peur la vergongne eſt ſãs ceſſe.
IOSAP. La peur eſt bien ſouuent vne ſage maiſtreſſe:
ACH. Vn conducteur d'armee ou doit eſtre ſãs peur,
Ou ſes faicts ſont ſuyuyz de honte, & de malheur.
IOSAP. Ie n'aprouue la peur qui chaſſe l'aſſeurance:
ACH. Toute peur eſt touſiours ſubiecte à mediſance,
IOSAP La ſage deffiance eſt mere du repos.

ACHA. La crainte au Capitaine oste souuent le los,
Se voyant à tous coups, les plus grosses Armées,
Par la peur seulement estre en fuitte tournées,
Sans qu'vn tout seul du gros se trouuast offencé,
Voire du moindre coup son pauoys enfonsé.
IOSAP. L'effroy tumultueux, ny la terreur panicque
Ne doibt iamais entrer en vne ame heroicque,
Mais en se deffiant d'vn ennemy iuré!
C'est ce qui rēd le plus tout vn cãp asseuré. (rageuses,
ACH. Quand le Chef est trēblant ses trouppes cou-
Contemplans sa froideur, en deuiennent peureuses.
IOSAP. Les grands qui par le fer ont l'hōneur merité,
N'ont iamais fait estat de la temerité.
ACH. Qui dira que deux Rois, ayās sous leur puiśśãce
Tant de vaillans guerriers, soyēt touchez d'arrogãce,
Quand le chanceux hazard, rengé de leur costé,
Promet par la raison, ce qui leur est osté?
   Ie serois vergongneux, indigne de couronne,
D'endurer plus long temps, qu'vn perfide moyssonne
Mes villes & mes champs, que ie dois secourir,
Et de pieds & de mains, ou genereux mourir,
Sans qu'vn fiebureux frisson, d'vne crainte couarde
Ranguainant cest estoc, si beau desseing retarde.
IOSAP. Mōsieur mō frere cher, i'estime ce grãd' cœur
Ce hardy naturel, exempt de toute pœur,
Qui reluist tant en vous, estant chose seante,
A tous princes & Roys, de nature excellante,
Ne supporter iamais vn escorne, vn affront
                              E ij

Sans se venger soudain, portant dessus le front,
L'asseurance plus grande au fort de nos detresses,
Que lors qu'à plein souhaict nous plongeons en liesses.
    Mais aussi ie ne puis, (estant vostre allié)
Vous celer en quel poinct vous estes oublié,
Estayant vostre espoir, sur la force , & sur l'ombre,
D'vn foible bras de chair, qui ne sert que de nombre,
Esloignant le secours, la faueur, le support,
De ce grand Dieu ialoux, qui seul puissant & fort,
Peut faire prosperer toute haute entreprise,
Par cent milles moyens , qu'en ses thresors il puise.
    De luy seul nous deuons nous dire les enfans,
Recepuans de luy seul, nos sceptres triumphans,
Estans par son moyen , reuerez en la terre,
Heureux, ou malheureux, aux exploicts de la guerre.
    L'Egyptien noyé dedans les rouges eaux,
Poursuiuant Israel pour redoubler ses maux,
Le man, par les deserts produit en abondance
Quarante ans tous entiers, sa saincte prouidence
Opposant à l'ardeur du soleil vn rideau,
Et pour guide la nuict donnant le cler flambeau,
Iusqu'à tant que le temps prefix pour le murmure,
Eust purgé le delict de telle forfaicture,
Ceste terre, & pays, de repromission,
Conquis en peu de temps par nostre nation,
Voullant le Dieu d'Isac promptement satisfaire
Au fidelle serment qu'il auoit voulu faire
A nos premiers parens, nous demonstrent assez,

Que luy de nous abſent , tant de gens amaſſez
Ne ſcauroient ſupporter les moindres eſtincelles,
Qui partent comme eſclairs , de ſes riches prunelles:
  C'eſt luy qui ſans trauuil, ſans peine, & ſans ſueur,
De la terre, & des cieux ſe faict maiſtre & ſeigneur,
Qui, pour eſchantillon de ſes merueilles grandes,
Chaſſe, bat , & deffaict , les Philiſtines bandes,
Par vn ſeul Ionathas en luy ſe confiant,
N'ayant d'humain ſecours, qu'vn page, qu'vn enfant.
  Il faut d'oncques premier que denoncer la guerre
A ſi fort ennemy ny fourrager ſa terre,
Que quelque bon Prophete , ou aultre de ſes Saincts,
Scache s'il fauoriſe à noz preſens deſſeings.
ACH. Voſtre graue diſcours, eſt tant plein de ſageſſe,
Qu'il reſſemble vn torrent , qui furieux renuerſe,
Tout ce que deuallant d'vn precipice hault,
Il trouue s'oppoſer à ſon orageux ſault.
  Perſonne ne ſcauroit ſans marque d'ignorance,
Reſiſter au conſeil, & longue experience,
Qui par ſur tous les Roys vous a tant faict priſer,
Qu'auſſy toſt qu'il vous plaiſt quelque faict propoſer,
Tous deuiennent muets , ſans oſer entreprendre
De replicquer vn mot , pour voſtre aduis reprendre.
  Ie nourrys tous les iours , & donne penſion
A quatre cens voyans, qui par deuotion
Sacrifient pour moy , deſtournans les menaſſes
Et me concillians de Dieu les bonnes graces:
Qu'on les face venir , afin que promptement

E iij

Ilz nous donnent aduis sur nostre partement.
Alle voy Sedecye, & sa trouppe diuine,
Qui plein de bon espoir, deuers nous s'achemine,
Il est tant excellent, & si plain de credict
Que toute chose arriue ainsi qu'il la predict:
Ie vois l'interroger, afin de mieux entendre
Si pouuons seurement le voyage entreprendre:
Prophete, qui iamais ne predis que bon heur
Au peuple d'Israel, lors que plein de fureur
Propheticque, tu veux rapporter les augures
Du Cabinet du ciel, sur les choses futures,
Dis nous si nous deuons la bataille donner
Contre les Syriens, ou nous en retourner,
Dis nous si Benadab, & son riche bagage,
Sera de noz soldats le butin & partage.

SEDECYE

FAVLX PROPHETE.

L'Eternel ferme appuy de vostre alme maison,
M'a ceste nuict passée, estant en oraison
Pour vostre maiesté, parlé d'vn tel langage:
Sedecye amy cher, arme toy le visage
De deux cornes d'acyer, & te monstrant au Roy,
Dis luy, que ie mettré tant de pœur, & d'effroy,
Es legions d'Adab, que dompteur, & le maistre,
Du peuple incirconcis le feray recongnoistre,

Emmenant enchaifné, les mains defur le dos
L'ennemy d'Ifrael, qui trouble fon repos.

LE CHOEVR DES FAVLX
PROPHETES.

NOus l'auons tous ouy. IOSAP? N'auez vous
  poinct encore
Quelque Prophete fainct, qui veritable adore
Le grand Dieu d'Abraham en toute humilité,
Povr apprendre de luy la pure verité?

 Car, ie voy clairement, à la fuperbe myne
De tous ces gens icy, que leur faulce doctrine
Ne tend qu'à nous flatter, n'ayant rien defcouuert
De ce qu'à fes amis Dieu rend clair & appert.
ACH. I'ay dedans mes prifons, vn appellé Michee,
Que i'abhorre fur tous, & mon ame fafchee,
Ne fcauroit fupporter fon difcours deplaifant,
Qui me predit toufiours quelque malheur cuifant,
IOSAP. Ie le congnoys fort bien, c'eft vn fainct
  perfonnage,
Qui ne merite pas qu'on luy face vn oultrage:
Mandez le ie vous pry, ne tenez voftre cœur
Si long temps contre luy, c'eft vn oinct du Seigneur.

 Gardez que ce courroux qui tout confeil reiecte,
Ne domine vainqueur voftre raifon fubiecte.

 Quel plaifir pefez vous qu'il prenne, de vous voir
Irrité contre luy, fi non que fon debuoir
Le force, & le contrainct reprefenter les chofes
Ainfi qu'il les reçoit d'enhault toutes defclofes?

ACH. Page depesche toy, & commande au geollier
Qu'il le face premier de ses fers deslier.
Dis à Michee aussi, qu'il quiéte son audace,
Sa façon de parler, s'il veult que ie le face
Remetre en liberté : ie veux estre priué
De ce sceptre luysant, si vers nous arriué
Il ne vomist le fiel de son mutin courage,
Ne nos chantat que mal, malheur, perte, & domage,
Sans se lasser iamais de dire, & remascher
Mil imprecations afin de nous fascher.
LE PAGE. Le malheur importun, n'est tousiours à
        la porte
De celuy, qui du ciel espere son escorte
Au fort de ses ennuys : ains las de l'oppresser,
L'ors que moings on y pense il vient à le laisser.
Michee en est tesmoing, qui pour sa prison noyre
Recepuera ce iourd'huy tant d'honneur, & de gloire,
Que s'il veult seulement d'vn maintien gratieux,
Flater de son seigneur & l'oreille, & les yeux,
Il sera son mignon, commandant à baguetes,
Comme chef souuerain par sur tous les Prophetes: |
Ie m'en voys luy porter cest aduis si heureux,
Et le faire sortyr des cachots tenebreux.
IOSAP. Lon dict que Michée est tellemẽt veritable,
Que tout ce qu'il predict arriue indubitable.
ACH. Il est tant importun, que l'impetueux cours
Ne peult estre arresté de son fascheux discours:
IOSAP. Des Prophettes sacrez le retenu silence,
                                    Nous

Nous demonſtre que Dieu veut punir noſtre offence.
Mais quand inceſſamment ils crient apres nous,
C'eſt lors que ſa bonté veut laiſſer ſon courroux.
ACH.Vn hableur impudent, n'eſt iamais agreable,
Voire ne nous diſt il que choſe deſirable.
IOSAP.Le Prophete iamais n'abandonne les ſiens,
Bien que de tous coſtez ils luy huent les chiens.
ACH.Quãd Vn cauſeur congnoiſt ſa preſẽce odieuſe,
Alors il doit ceſſer ſa clameur ennuyeuſe.
IOSAP.Le Prophete ne peut faſcher en prediſant,
Car c'eſt le ſainct eſprit qui le va maiſtriſant.
ACH. Le Prophete orgueilleux, le plus ſouuent abuſe
Du don de Prophetie, & s'en ſert pour excuſe,
Quand il veut cauteleux, attirer du meſpris
Sur vn Prince, & vn Roy, ſans en eſtre repris.
IOSAP.Le Prophete qui Void l'ire de Dieu deſcendre,
Ne deſiſte iamais d'arguer, & reprendre,
Les Princes, & les Rois, qui ſeuls peuuent changer
Vn eſtat vitieux, & chaſſer le danger.
C'eſt pourquoy ie vous pry le faire comparoiſtre,
Afin que du futur il nous face congnoiſtre
L'euenement caché: ACH.il ſera toſt icy.
Pour nous predire à tous quelque mordant ſoulcy.
LE PAGE:Michee eſtes vous la? ſortez, le Roy Vous
        mande,
Pour croiſtre des voyans & le nombre & la bande,
Qui ia ſont à la place, & ont prophetizé
Toutes choſes de bon, & du tout attizé

F

Son courage à la guerre, aduisez que de mesme
Le rendiez satisfaict, chassez ce teinct si blesme,
Qui causé de la peur, ne vous doit tourmenter,
Si d'vn seul petit mot le voulez contenter.
MICHEE : Aussi vray que Dieu vit, ie ne diray pa-
Que celle, que du Ciel le diuin protocole   (rolle,
M'enuoyra pour parler, sans que l'orde prison
Me puisse espouuanter, & tollir la raison,
Pour taire laschement les celestes oracles,
Infuz, & enuoyez, des diuins tabernacles.
LE PAGE : Vrayment vous auez tort, ie n'eusse pas
Qu'apres auoir esté tant de fois offensé   (pensé
Vous fussiez demeuré si fort opiniastre
Pour vous faire à credit emprisonner, & batre :
L'on estime celuy de courage leger,
Qui sans occasion recherche le danger,
Nous ne deuons iamais parler à nostre maistre,
Ou de toutes doulceurs ses aureilles repaistre.
   Ne vaudroit il pas mieux vn peu dissimuller,
Qu'obstiné demeurant, sans fin accumuller
Son indignation sur vous & vostre race?
   Hastons nous, on nous veoid', le Roy tourne la face.
ACH. Michée oserons nous la guerre denoncer
Au Prince Syrien? pourrons nous enfoncer
Ses escadrons armez, ou bien si de cest heure
Chacun doit retourner en sa douce demeure?
MICHEE, Sire vous pouuez bien sans crraindre ne
Attacquer l'ennemy, vous luy pouuez oster (douter

La ville de Ramots, & de mesme furye
Le chassant de Galad, asseruir la Sirye
Tributaire à voz loix, estant Dieu protecteur
De tant d'hommes armez, & sage conducteur.
ACH. Au nõ du Dieu viuãt, du Seigneur des armées,
Quy iadis saccagea les plaines Idumeés,
Pour enrichir Isaac, & sa posterité,
Ie t'adiure dis nous la pure verité.
Car contre son vouloir nous n'auons poinct enuye
Hazarder d'vn tout seul de tant d'hommes la vye,
Ne nous abuse poinct, affin que congnoissans
Là volonté du ciel, soyons obeissans.   (taignes,
MICHEE. I'ay veu tout Israel espars par les mon-
Comme moutons fuyans par les bois, & campagnes,
Et la geulle, & la dent des tigres affamez
Les menassans de mort, à ce faire animez
Congnoissans estre absent le pasteur, dont la dextre
Reprimant leur fureur le rendoit tout-iour maistre:
Et le seigneur voyant la panicque terreur,
Rendre les sens percluz, & la force, & le cœur,
Du peuple, qui troublé, ne sçait où il se tourne,
A dict en se riant : que chacun s'en retourne
Paisible en sa maison. Car assez me suffit,
De voir à mort blessé leur chef, & desconfict,
Sans vouloir qv'n tout seul, de ses trouppes demeure
Offensé tant soit peu, que celuy, qui pariure
M'a laissé, pour courir apres tant de faulx dieux,
Desquels l'aureille est sourde, aueugles sont les yeux.

F ij.

ACH. Ne vous ay ie pas dict que sa lägue enuyeuse
Seruiroit de tourment à nostre vie heureuse?
MICHEE. Que si remolissant vostre cœur endurcy,
Vous craignez sa menasse, & sa Iustice aussy!
Oyez ma vision, affin que faict plus sage
Vous puissiez euiter le heurt de ce nauffrage:

I'ay veu le Roy des Roys seant en maiesté,
Aiant au tour de soy paisible, & arresté,
L'exercite du ciel, qui l'aureille desbouche,
Pour prendre le secret de sa diuine bouche,
De laquelle le miel ruisseloit en ces mots:

Qui veult seduire Achab de monter en Ramotz,
Affin qu'atainct au vif au deffaut du cuirasse
D'vn garrot asserè, son sang baigne la place,
En laquelle il a faict Nabot assaciner?

Entre ceulx qui disoient vous pouuoir affiner,
Vn des malins esprits sortant du puant gouffre
Se presentant luy dist : Seigneur, voicy ie m'offre
D'aller destruire Achab, s'il te plaist n'opposer
Ta main forte, aux aguets que ie scay proposer.
Le Seigneur luy respond, Dis moy en quelle sorte
Tu pense executer le desseing que tu porte.

Ie seray (dist satan) vn esprit mensonger
Ses Prophetes trompant, ie les feray ronger
De mil illusions, & leur mines pompeuses,
Farderont tellement leurs parolles trompeuses,
Qu'Achab preferera leurs discours plus menteurs,
Aux aduertissemens de tes saincts seruiteurs.

Et Dieu tout à l'inſtant, pour punir voſtre audace,
Luy permit contre vous exercer ſa fallace:
    Maintenant que voyez embraſez, & eſpris,
Tous ces Prophetes faulx, des immondes eſprits,
Cela vous doibt aſſez faire voir, & entendre,
L'arreſt eſtre donné, qui vient ſur vous deſcendre.

SEDECY E FAVLX PROPHETE.

PAr ou s'en eſt allé le ſainct eſprit de moy,
    Pour t'aller rechercher, & reſider en toy?
Viença, voudrois tu bien, effronté manifeſte,
Faire comparaiſon de ta vie funeſte,
Aux œuures merueilleux d'Ely, Prophete ſainct,
Qui predict que le champ de Nabot ſeroit teinct
Du ſang de ſon alteſſe, & qu'en la meſme place
Où ſon corps fut meurtry tumbant deſur ſa face,
Les maſtins rougiroyent dedans le ſang royal
Leur maſchouere gourmande, & ventre deſloyal?
    Cela demonſtre aſſez (Sire,) qu'il ne faut croire
Ce menteur eshonté ialoux de voſtre gloire:
    Et parce qu'il vous a tant de foys irrité,
Pour eſprouuer s'il eſt remply de verité,
De l'eſprit du ſeigneur, qui iuſticier n'endure
Qu'on oppreſſe les ſiens, ſans d'vne peine dure
Chaſtier l'agreſſeur · laiſſant ce diſcours vain,
Tien reçoys ce ſoufflet de ma Prophete main:
    Sy tu és le mignon de Dieu, comme tu crye,
Inuoque contre moy ſa fureur, & le prye
                    F iij

Que ce bras dont ie t'ay le visage couuert,
Me deuienne aussi mort, comme il est fort & vert,
Ainsi que Iadon feit seicher comme vne escorce,
La main de Roboan, luy voulant faire force.

Sire, vous scauez bien comme tout ce passa,
Lors que Iadon, picqué Roboan offensa. (son yre,)
MICHEE. Quand Dieu veut oublier, & punir en
Les ingrats & meschans, qui ne ce font que rire
Des aduertissements qu'il leur faict departir,
Affin de les sauuer par vn sainct repentir,
Il ne faict pas tousiours preuue de ses merueilles,
Bien qu'il contemple tout, que ses chastes oreilles
S'offençent de t'ouyr, & voyr en la façon
Te targuer, (pour tromper, de son precieux nom:
Semblable à vn vaisseau, qui punais de nature,
Gaste de son odeur la riche confiture,
Changeant par le conseil de ton esprit malin,
Les sacrez dons de Dieu, en poyson & venin:
T'asseurant que le iour que fuiras sa iustice,
De peur d'estre puny selon ton malefice,
Est proche, & te cachant, tu diras estre vray,
Ce que i'auois predit pour le salut du Roy.

Tu seras si tremblant, qu'à tous coups que le foudre
S'esclatera par l'air, tu penseras qu'en poudre
Il s'en vienne ton corps, & ta teste briser:
Pour auoyr (apostat) oxé Dieu mespriser.
ACH. Qu'on prenne ce gallãt, viste qu'õ le remeine
Aux cachots les plus noirs, dont la puante alleine

L'infecte iour & nuict, que son boire & manger,
Soit de l'eau des agouts, luy faisant boulanger
Du pain demy de bois, pour luy faire congnoistre,
Comme ie sçay punir vn meschant & vn traistre.
Commande estroitement, Qu' Amon le Gouuerneur
Ne retire iamais de sur luy sa fureur,
Qu'il en face soigneux vne garde si seure,
Que retournant vainqueur, ie trouue la ferrure
Auoir mangé ses bras, & iambes, iusqu'aux os,
Afin de luy aprendre à troubler mon repos.
MICH. Si montāt en Galaad vostre souhait s'exaulce
Surmontant l'ennemy, ma prophetye est fauce.

  Si retournez vainqueur, & non à mort blessé!
Dites que l'esprit sainct m'a du tout delaissé,
Exercez contre moy vostre impiteux colere,
Comme vous poussera vostre ame sanguinaire.

  Peuple tu congnoistras dedans fort peu de temps,
Mes propos plains d'effect, n'en doute, ains t'y attēds.
ACH. Ostez moy ce causeur, qu'en tourment & en
On luy face sentir à toute heure la gehenne.   (peine,

  Pour tromper ce reueur, ie me suis aduisé
De marcher à la guerre en habit deguisé,
Afin que surmontant en ce point son augure,
Le reste soit suiuy d'vne bonne aduenture.

  Vous vous reuestirez d'accoustremens royaux,
Montant dedans le char que tirent mes cheuaux,
Et moy en Cauallier, couuert d'vn fort rudache,
Brandiray par les rangs, le hampe d'vne hache.

IOSAP. I'en feray tout ainſi qu'il vous viẽt à plaiſir,
Rien ne m'ayant conduit que l'auare deſir
Que i'ay de vous complaire, & hazarder ma vie,
Premier que de ſouffrir la voſtre eſtre rauie.

Ie crains bien toutesfois le diſcours aſſeuré,
Auquel ſi conſtamment Michee eſt demeure.
Car en tous ſes propos tant de raiſons il donne,
Que ſon maintien hardy, non ſans cauſe m'eſtonne.
ACH. Comment! pourroit la peur, ſe vanter vne fois,
D'auoir terny le front, a tels Princes & Rois,
Lors principalement que leur iuſte querelle,
Au ſuccez bien heureux les conduit & appelle?

Ne me tenez iamais pour voſtre frere cher,
Si l'ennemy ſentant nos forces approcher,
Il oſe ſeulement d'vn ſimple tourne-teſte,
Attendre, & regarder, la greſle, & la tempeſte,
Des homicides dards, & des ferrez longs bois,
Menaſſans dans nos poings, leur mort, ſous le harnois.

Le Sacre, le Lanier, l'Aigle, nourriz au meurtre,
Prennent ils le conſeil, du pigeon, de la turtre,
Quand ils veulent hardis, eſprouuer leur vertu,
Contre le grand Gerfault, de force reueſtu?

Voudriez vous auſsi tirer à conſequence,
Et dire que d'vn fat la palle deſiance,
Nous doiue detourner, d'embraſſer genereux
La deeſſe qui porte audeuant ſes cheueux?

Allons grauer nos noms au temple de memoire
Par le fer reluiſant, qui donne la victoire

A ceux

A ceux,dont la poitrine exempte de frayeur,
Mesprise milles morts,pour s'enrichir d'honneur.
    Alons doncques soldats,alons querir les restes
Des despouilles laissees à ces troupes defaictes,
A ceux qu'autant de fois vous auez surmontez,
Qu'ils se sont au combat deuant vous presentez,
A ceux qui congnoissant vostre valeur guerriere,
Si tost quils vous voiront,tourneront le derriere.

CHOEVR.

L'Homme qui d'vn cœur obstiné
Ne veut recongnoistre ses vices,
Mais à tout mal determiné
S'oblige aux eternels supplices,
Contre les aduis plus propices
Des Prophetes,& gens de bien,
Il oppose les artifices
Du Monarque Plutonyen.
    Et sans aprehender icy
Les maux,les gehennes,les tortures,
Qui d'vn Promethee endurcy
Agrauent ses peines futures.
Il commet miles forfaictures,
Afin que selon ses desirs,
Se veautrant en toutes ordures,
Il prenne en terre ses plaisirs.
    Ne voyant fangeux animal
Que plus au mal il perseuere,

G

Les sœurs, coupans, son fil fatal,
L'approchent de l'obscure bierre:
Et surpris en ceste maniere,
N'a loisir de iecter aux cieux,
Vn seul souppir, et sa paulpiere
N'est trempee en l'eau de ses yeux.

Si prudent il consideroit
De son createur l'excellence,
Iamais il ne transgresseroit
De ses loix la saincte ordonnance:
Mais la nature des l'enfance
Encline plus à mal qu'à bien,
Fait qu'enflé de fiere arrogance,
Il dit de luy ne tenir rien.

Et bien que son infirmité
Soit d'imbecillité l'exemple,
Soit le iouet peu arresté
D'Infortune qui le contemple,
Encor qu'il soit la despouille ample
Du temps à l'instable moment,
Et qu'il soit l'image & le temple
Du dueil, d'ennuy & de tourment:

Toutesfois au premier soufler
De la moindre faueur mondaine,
Brauant de geste & de parler,
De Dieu la bonté souueraine,
Il suit à grosse & courte alaine,
Apres les pecheurs dissoluz,

Et sa vie sale, & vilaine,
Le relegue aux enfers gouluz.
   Si tost qu'il est habandonné
De la grace & amour diuine,
Lors le destin inopiné
Par artifice l'achemine
Au malheur, qui le sappe, & mine,
Auec si grand' dexterité,
Qu'il congnoist plustost sa ruine
Que sa sotte temerité.

   Comme tant de fois Israel
L'a recongneu, quand faict rebelle,
Il a delaissé l'Eternel,
Pour courir apres l'infidelle,
Faisant mourir de mort cruelle,
De Dieu les Prophetes zeléz,
Qui d'vne voix continuelle,
Preschoyent leurs pechez desreigléz.

   Qu'attendre helas donc pouuons nous,
Puisque la remonstrance sage,
Est des grands receue en courroux,
Et que le doux flatant langage
Des faux Prophetes de cest aage,
Est seul opportun & plaisant?
Tout cela nous sert de presage,
D'vn desastre proche & cuisant.

G ij

ACTE QVATRIESME.

ESABEL. *Bons dieux qui cherissez*
ceulx ausquels la vertu
A graué dãs le cœur de sõ burin poïtu,
Vostre crainte & amour: sayez nous
fauorables
Rendans aux ennemis les armes effroyables
Du Roy mon cher espoux: faictes que renuersant
Le caualier armé, le picquer menassant,
Et l'homicide archer de l'ennemy perfide,
Il l'amene captif, & luy serre la bride
Si rude, que iamais luy, ne ses successeurs,
N'ozent plus esleuer ny la main ny les cœurs,
Contre leur doux vainqueur, qui plain de courtoysie
Leur a par tant de foys faict grace de la vie.
A toy tout le premier grãd dieu foudroyant Mars
Qui n'assiste iamais les lasches & couards
I'adresse icy mes vœux: anime ie te prie
Le cœur de noz soldatz, au meurtre, à la tuerie,
Les maintenans plus fiers, plus fermes & dispos
A là fin du combat, qu'à lors que sur le dos
Ils vestirent tous fraiz le cracquetant cuyrasse.
Qui leur forte poitrine, & le corps leur embrasse:
Que si de leur costé tu daigne te ranger

Enrichißant le Roy du buttin eſtranger,
Et faire qu'emportant l'honneur de ceſte guerre,
Son nom plain de terreur bruyant comme tonnere,
Soit porté ſur les vents & cerceaux plus legers
De Mercure, & d'Iris, celeſtes meſſagers!
Ie feray tous les ans rougir de ſacrifices
Tes temples, & autels de victimes propices,
T'immolant largement tant de loups, & cheuaux,
Tant de coqz, tãt d'autours, tant de guerriers oyſeaux
Que tu n'accuſeras ma main trop liberalle
D'auoir mis en oubly ta faueur martialle,
Ny que le temps futur par ſon muable cours
M'oſte le ſouuenir de ton diuin ſecours.

Et toy du premier nay des dieux mere feconde,
Voy le zelle feruent, l'humilité profonde
En laquelle ie viens adorer tes autels!
Iuge ſi tu reçois des ſacrifices tels
Que ceux leſquels te ſont (amoureuſe deeſſe)
Tous les iours preſentez par ta Vierge preſtreſſe
Quand ie te fais offrir de tous les animaux
Autant qu'il s'en recouure en la terre & eaux.
Et des oyſeaux legers, qui par la vuide plaine
Ne peuuent euiter leur capture certaine,
Aſſin que reſpendant leur ſang auec la mort
Ie reſſente au beſoing ton aſſeuré ſupport.

Outre, ie te promets vn verger de genebres,
Et te faire planter tant de fouteaux celebres,
Que ton honneur chanté par mille diuers lieux,

G iij

Obscurcira le nom de tous les autres dieux,
Qui ne sçauroient m'oster, bien que palles d'enuye,
L'ardeur de te seruir tout le temps de ma vye.
Car ie feray forger pour t'honorer encor,
Ton siege & ton pourtraict, de solide, & fin or,
Et au lieu des pauots & des pommes de cuyure
Ie feray dans tes mains les dyamans reuiure.
Les grenats, les saphirs & les rouges rubiz
Se voirront si menu seme sur tes habits
Que ceux qui sur ton chef contempleront ta tasse
Te diront du haut ciel auoir toute la grace.

    Ie te reclame aussi princesse qui l'honneur
Disperse où bon te semble, & aussi le malheur:
Qui tenant dans ton poing la corne |d'abondance
Enrichis tes amis de grandeur, de cheuance
Et qui seant au hault d'vn sourcilleux rocher
Accable les plus grands quand tu veux descocher
Le plomb qui te seruant de marchepied volage
Execute aussi tost l'aigreur de ton courage:
Te souuienne à present de quelle affection
Et mon seigneur & moy plains de deuotion
T'auons tousiours seruye & comme ta grand table,
D'vn or tres-affiné t'estoit lors delectable.
Quand couuerte de mets au bout de tous les ans
Tout estoit parfumé de vin pur & d'encens
Affin de t'inciter d'estre nostre tutrice
Comme on veoid de l'enfant la soigneuse nourice.
Et vous dieux de mon pere, aymez des Tiriens

Qui crains & reuerez des Sicyoniens
Odorez si souuent les sainctes holocaustes
Que ie vous fays offrir pour expier noz fautes,
Ne frustrez mes soupirs, mes larmes, mes clameurs,
Les largesses, les dons, les graces, les faueurs
Desquels i'ay caresé vos Prestres & Prophetes
Pour obtenir de vous au besoin mes requestes.
Ie vous promets encor sur ma parole & foy ·
Pour le zelle que i'ay d'acroistre vostre loy ,
Que voyrez massacrer, pendre & trancher les testes ,
Brusler, escorcher vifs, & deuorer aux bestes
Michee & ses supposts vos mortels ennemis,
Et tous ceux qui d'Ely se diront estre amis.

   Ie feray de fin or batre des grosses chaisnes,
Au lieu du fer rouillé qui vous presse les eines,
De peur que l'enchanteur par ses importuns vers
Troublant vostre repos, vous tire des enfers.

   Que si durs, & felons par trop plains d'arrogance,
Ie congnoys qu'au besoin vous n'ayez souuenance
De secourir noz gens, ou que faute de cœur
Le Dieu des Syriens de vous maistre & vainqueur,
Face Adab triompher de nostre grand armee,
Abattre l'ennemy tousiours accoustumee,

   Ie feray de iecter voz simulacres vains
De dessus leurs autelz & hors des Temples saincts ·
Plus aspre d'obscurcyr vostre nom & memoire,
Que ie n'ay desiré d'acroistre vostre gloire.

   Helas! pardōnez moy, pardonnez moy grāds dieux,

Si contre vos bontez i'ay esleué les yeux,
Lasche me defiant de Vostre alme puissance.
Conseille moy nourrice en ceste defiance.
NOVRRISSE : Madame c'est par trop, c'est par trop
De vouloir tãt de dieux par menasses plier, (s'oublier
Estimant que subiects ils soyẽt comme nous sommes,
Aux fresles passions qui trauaillent les hommes.
Les dieux ne sont forcez, la seule humilité
Appaise leur courroux contre nous irrité,
Ou l'impudent mespris, l'orgueil & l'arrogance
L'embrase impetueux plus que nulle autre offence.
IESAB. Nourrice tu dis vray, mais ils doyuent aussi
Auoir de leurs amis souuenance & soucy,
Leur faisant ressentir par seure experience,
Les effectsau besoin de leur forte puissance. (debteurs
NOVRR. Les dieux sont creanciers, nous sommes les
Ils ne nous doyuent point, ny loyer, ny honneurs:
Leur immense bonté, l'occean de leurs graces,
Se desgorge ou leur vueil tourne leurs claires faces.
IESA. Voire mais quãt à ceux qui plus ont de vouloir
De leur faire seruice, ils ostent le pouuoir
Trouuerois tu qu'alors ils rendissent iustice?
NOVRR. Madame ne croyez que remplis de malice,
Ils facẽt tort aux bõs. IES. Mais quoy? si Mõseigneur
Perdoit & la bataille, & la vie, & l'honneur,
Les dirois tu clemens, droituriers, pitoyables?
NOVRR. Leurs actes sont tous bons, tous saincts, &
    tous louables.

IESA.

Iesa. *Comment apres auoir tant de bien despendu,*
Apres auoir en terre & en l'air espendu
Tant de sang, pour banir la doctrine tachee,
D'Elizee, d'Ely, de l'apostat Michee,
Voudrois tu que ie prinsse encor en bonne part
Le mal impatient, qui force le rempart
De l'humaine raison, voire la conscience?
Novrrice. *Madame, il ne faut pas mettre nostre*
esperance,
Aux dieux, qui puissent estre en guerre surmontez,
Mais nous debuons soigneux, rechercher les bontez
Du Dieu, qui le plus fort, tous leurs efforts renuerse
Quand il fronce son œil sur leur troupe diuerse.
Iesa. *Mais quand aucuns d'entre eux nous sont trop*
courroussez,
Nous recourrons à ceux, qui ne sont poinct lasse.
De nous faire du bien? Nov. *Hé! quelle dure peine*
D'estre de leur voulloir tellement incerteine,
Qu'immolant à cestuy, l'autre en estant ialoux,
Au lieu de sa faueur, desbonde son courroux,
S'oppose à noz desseings, & enuyeux empesche
Ce que son compagnon pour nostre bien recherche
Iesa. *C'est aux dieux iouissans de l'immortalité*
D'asister les mortels, en leur infirmité.
Nov. *C'est-mon. Mais quand vn Dieu contre vn*
autre s'irritte
Force est que le plus foible, à l'autre l'hõneur quitte.
Ainsi ceux qui moins fins, le foible adoreront,

H

Au lieu d'eſtre eſleuez, eſclaues ſeruiront.
IESA. Les hōmes ne ſont pas capables de cognoiſtre
Le Dieu, qui par ſur tous eſt ſouuerain, & maiſtre,
Veu, que tantoſt celuy, qui triomphoit vainqueur,
Fuyant ſon corryual, eſt eſtimé ſans cœur.
C'eſt pourquoy nous debuons à tous faire priere,
Pour empeſcher qu'aucun ne nous ſoit aduerſaire.
NO. Que le peuple eſt heureux, qui ne ſert qu'vn ſeul
    Dieu,
Qui puiſſant le deffend contre tous, en tout lieu!
IESA. C'eſt bien dict: Mais qui eſt ce Dieu tant ve-
    nerable,
Auquel vn autre Dieu ne s'eſtime ſemblable?
NO. C'eſt celuy qui cōmāde aux foudres menaſſans,
Aux Anges, aux Demons, qui tous obeiſſans
Executent ſoudains, de l'vn à l'autre pole,
Les effects merueilleux de ſa ſaincte parole
Sans oẑer contredire & retarder vn pas
Pour voir s'il le faut faire, ou ne le faire pas.
    C'eſt luy qui createur de ames vegetantés,
Des oyſeaux emplumez, des reptiles trainantes,
Des poiſſons eſcaillez, des tygres inhumāins
Les a rendus ſubiects au voulloir des humains,
Et qui perpetuant l'eſtre à la creature,
Se demonſtre eternel en ſon architecture,
Qui par vne grandeur de ſes ouurages beaux,
Apparoiſt tout puiſſant, au ciel, en terre, és eaux,
Qui par l'ordre reiglé, qu'il leur donne pour guide,

Eſt prudent eſtimé, ſeul ſage, & ſeul prouide,
Et qui les gouuernant d'vn ſoing induſtrieux,
Emporte ce beau nom de tout bon, & pieux.
Ie sa. Ton parler eſt teſmoing, & riche protraiture
De ton gentil eſprit, qui meſpriſe & n'a cure
Des choſes d'ycy bas : ains tout audacieux,
S'ocuppe à diſcourir du naturel des Dieux :
Mais tu n'as poinct encor donné certaine marque,
Pour cognoiſtre ayſemēt ce grãd Dieu, ſeul monarque.
No. Des Anges plus parfaicts le clair entendemēs,
Bien qu'au ciel etheré ſoit leur departement,
Ne ſcauroit toutefois d'apprehenſion viue,
Sonder ceſt occean, qui n'a ne fonds, ny riue.
Ie sa. Cōmēt dōc pourrōs no' Nouriſſe apperceuoir
Sa puiſſance eſgallant ſon plaiſir & vouloir?
No. Aiſement ſe congnoiſt, par tout ce qu'il opere
Au Ciel, en terre, en mer, rauiſſant la paupiere,
Et l'eſprit des mondains, de tel eſtonnement,
Que contemplans craintifs l'azuré firmament,
Le cours continuel de tous les corps celeſtes,
Ces deux flambeaux dorez, luiſans de ſur nos teſtes,
Dont l'vn commande au iour, l'autre eſclaire la nuit,
Auec vng eſcadron d'eſtoilles qui le ſuit :
Le verglacant Hyuer, qui les vapeurs reſſerre,
Apres auoir trois moys ſeigneurié la terre,
Quitter ſa Royauté, iuſques à certain temps
Pour en laiſſer iouir le gratieux Printemps:
Auquel l'ardant Eſté ſuccedant ſans querelle,

                                H ij.

Vient remplir noz greniers de sa blonde iauelle,
Et n'a si tost finy ses troys mois moissonneux,
Qu'il ne cede la place à l'Automne vineux:
Ils sont assez instruicts voyans telle police,
Pour congnoistre, adorer, & craindre la iustice,
La force, la grandeur de la diuinité
Qui regit tout cela soubs son auctorité.
IESA. I'estime grandement ta sagesse & admire
Tant de belles raisons qui confirment ton dire:
Mais quelle nation seule se peut vanter
D'auoir ce Dieu si fort, qui la puisse exempter
De famine, de peste & de lugubre guerre,
Quand vn peuple ennemy veut vsurper sa terre?
NOVR. Celuy qui peut chasser les Princes & les Roys
De leur throsne eminent, & abolir leur loys,
A plus forte raison leur deffendra l'entree,
S'ils voulorent de son peuple opprimer la contree.
IESA. Qui est ce peuple heureux, côme s'appelle-til,
En quel serein climat est son pays fertil?
NOVR. Madame cognoissant vostre prime colere,
Ie n'ose pas m'ouurir de peur de vous deplaire.
IESA. Ne crains point, ie ne puis m'irriter contre toy:
Parle donc franchement, ie te promets ma foy
De ne me fascher poinct: dis tout ce que tu pence,
Ie t'ayme, tu le sçais, sans qu'en ta conscience
Ie t'aye en rien forcée, encores que souuent
T'appuyant sur l'arene, & le plus leger vent,
Tu se mettes à prescher, pour (mal sage) m'induire

A mespriser noz dieux, croire au tien, & ensuyure
L'abbuz inueteré de ces prophetes faulx,
Qui cruels enchanteurs nous causent tant de maux.
NOVR. *Madame que ie craints!* IESA *Hé, que pourois*
   tu craindre?

NOVR. *Que le* DIEV *d'Israel veuille sa main estraindre*
Contre vostre maison, se vengeant en courroux,
Du mal que ses esleuz ont tant receu de vous.
IESA. *Tu ne fais que resuer, il n'a poinct de puissäce*
Contre tant d'immortels qui prennent la deffence
Du Roy & de ses gens: NOVR. *Il est si fort puissant,*
Qu'il atterre, il esleue, il haulse, il va baissant
Les princes redoubtez, sans qu'on ose luy dire
Pourquoy cela luy plaist: il punist en son yre
Ceux qui cherchët d'ailleurs secours en leurs ennuys.
Il a creé les vents & les humides nuicts,
Le iour, le ciel, la mer, & ceste vaste terre,
Sur laquelle esclatant l'effroy de son tonnere,
Il meurtrit les mortels, quäd de ses grands biens-faits
Ils raportent l'honneur à des dieux contrefaicts,
Qui ne scauroyent s'aider contre la moindr' iniure
Que leur face le temps, le ver, & la rouillure,
Ne pouuant supporter estant seul souuerain,
D'auoyr pour compagnons des idoles d'airain.
IESA. *Ha vielle radoteé! este-ce la le martyre*
Qui gesnoit tes esprits? oze tu bien me dire
Vn blaspheme si grand? ton orgueil eshonté,
Abuse-t'il ainsi de ma grande bonté?

     H iij

Si ie n'auois promis, & iuré de princesse,
De ne faire punir ta langue pecheresse,
Tu te peux asseurer que les Dieux outragez,
Seroient tout sur le champ de ton mespris vengez.

Or pour te faire voir que ie ne crains & doubte,
Que ton Dieu sans credit nous entende & escoute,
Ie veux que ce iourd'huy pour mieux le despiter,
L'on face de Iemla le fils decapiter,
Et redoublant encor vergoigne sur iniure,
Ie promets à mes Dieux, & par iceux ie iure,
D'exterminer du tout ses prestres seducteurs,
Et ceux qui de ses loix se diront sectateurs.

Mais qui est ce vieillard, de peaux tout reuestu?
NOVR. C'est Elye le grand, illustre de vertu:
IESA. Vois tu cöme les Dieux bruslez d'impatiëce
Pour ton meschant propos, voulans prendre vengeäce
De ton Dieu fabuleux, ont faict cheoir en ma main,
Celuy qui leur est plus contraire & inhumain?
Il s'en vient pour flatter, mais sa voix enchantee
Ne sauroit retarder sa mort toute arrestee:
Il est tout fantasticq', & son geste esgaré
Promet quelque discours sottement digeré:
Arrestons nous vn peu, si nous pourrons entendre
Les propos que ce fol à soy mesme va rendre.
ELIE. Grand Dieu s'il est ainsi, que le Predicateur,
Prepare seulement l'oreille & non le cœur,
Ains toy seul qui penetre, & as la cognoissance,
Des mouuemens cachez en nostre conscience,

Pourquoy commande-tu, que i'aille admonnester
Celle qui ne voudra seulement m'escouter?

N'auons nous pas cogneu par longue experience,
Que ta grande douceur, accroist son arrogance,
Son mespris de tes loix, son courroux endurcy,
Qui ne prendra de moy ny grace, ny mercy?

Non plus que i'euz bruslant en ton amour & zele
De ses faux predicans sur le mont de Carmele,
Quand i'en fis deualler quatre cens sur le bort
Du fleuue de Cyson, & tous liurer à mort?

Ne vois tu pas commēt nous sommes tous en fuitte
Pour euiter les maux que sa rage depitte
Nous presente à tous coups, & les tourmens diuers,
Qu'elle a pleine d'horreur, empruntez aux enfers?

Israël a si peu de prestres, & Prophetes,
Que ton culte, & tes loix, s'en vont presque desertes,
Michee prisonnier restant seul, auecq' moy,
Pour maintenir ton nom, ton honneur, & ta foy,
Au milieu de ce peuple, abattu par la crainte,
Qui force son vouloir d'vne esclaue contrainéte!
Toutesfois s'il te plaist qu'vn acier impiteux,
Estouffe de mes ans le cours calamiteux,

Fais que comme vn rocher se rit de la tourmente,
Que l'occean despit pour neant luy presente,
Ie mesprise les fouets, les gesnes, les trauaux,
Que sçauent presenter ses infames boureaux:
Affin que relaissant vn exemple louable
A la posterité, de faire le semblable,

Sa promeſſe trompeuſe, & ſa rouge fureur,
N'eſpouuante les vieux, & deſtrempe l'ardeur
Des plus ieunes Enfans, qui viues pepinieres
Retiendront genereux les Vertus de leurs peres.

Allons doncques Ely, ſans que la froide peur,
T'empeſche d'annoncer l'arreſt de ton Seigneur.
Sus allons hardiment, & blaſmer & reprendre,
Ceſt eſprit obſtiné, s'il daigne nous entendre.

Le puiſſant Dieu d'Iſaac qui couronne les Roys,
Qui ſeuere punit l'ennemy de ſes loys,
Faict il regner Achab en puiſſance ſupreme?
Decore til auſſi de ce haut diadeſme
Voſtre chef orgueilleux, afin que de ſes biens
Vous luy fiſſiez la guerre? opprimaſſiez les ſiens?
Et meutriſſant cruelle enfans, peres, & meres,
Chãgeaſſiez les lieux ſaincts en tõbeaux mortuaires,
Les comblant de corps morts de ceux, dont la clameur
Penetrant dans les cieux, prouocque la fureur
Du ſeul dominateur, qui trop ialoux regarde,
A venger ſes amis qu'il a prins en ſa garde:
Et qui voulant punir l'irreparable tort
Qu'auez faict à ſes ſaincts, a faict bleſſer à mort
Le Roy, qui penetré d'vne fleche perceante
Eſt veautré dans ſon ſang, & ſon ame mourante
Trop tard ſe repentant de ſes graues mesfaicts,
Retourne dans ſon char qui rougiſt ſoubs le fais:
Et vous pire que luy, ſentirez ſa main forte,
Vous voulant en fureur punir en ceſte ſorte:

Voila

Voila desia Moab contre vous reuolté,
Occosie en entrant à la principaulté
Cheant par le trillis de sa chambre plus haulte
Mourra de sa blessure, en hayne de la faute
Qu'il fera d'enuoyer au faulx Dieu d'Accaron
Chercher en sa douleur aucune guarison
Vostre autre fils Ioran, semblable à son ancestre,
Sera priué de vie, & d'honneur, & de sceptre
Par vn de ses subiects, qui teinct de son sang chaut
Vous fera renuerser d'vn estage si hault,
Que vous rompant le col, tout au pied des murailles,
Vous remplirez des chiens les gourmandes entrailles,
Qui lescherõt vostre sang au mesme endroit & lieu,
Où vous fistes meurtrir le seruiteur de Dieu,
Le bon pere Nabot, dont l'ame soullagee,
Sera de vostre race à son plaisir vengee:
Prouoquant le Seigneur d'aigrir vostre vassal
Pour faire à vostre nom toute sorte de mal,
Lequel pour regner seul, sans crainte, & en lyesse,
Arrachera la vie à la tendre ieunesse,
Faisant mourir haultain soixante & dix enfans
Engendrez par Achab en ses ans triomphans
Sans que l'obiect hydeux d'vn si sanglant carnage
Puisse en rien refroidir son embrazé courage,
Qu'il ne tue impiteux toute vostre maison,
Pour auecque leur mort esteindre vostre nom,
N'en relaissant iamais vn seul diure en ce monde,
Qu'il ne poursuiue à mort son ame vagabonde,

I

Si bien qu'en cest estat vous & vostre mary,
Serez plus en horreur qu'il ne fut oncque chery.
IESAB. Qui te faict si hardy, sacrilege execrable,
De me venir fascher? pense tu miserable
Me pouuoir empescher par ton propos haultain,
D'effectuer sur toy le resolu dessein,
Que i'ay de te meurtryr? ELIE. Vostre bruyante rage
Ne sçauroit esbranler ny tiedir le courage
De l'homme obeissant qui met tout son appuy
Sur le Dieu d'Abraham, & se confie en luy.
IESA. Tu voirras malheureux deuant qu'il soit vne
heure,
S'il pourra t'empescher qu'escorché tu ne meure.
ELIE. Les ennemis de Dieu pour seduire les siens,
S'aydent communement de l'vn de ces moyens:
Ou bien de la doulceur, afin de deceuoir,
Ou de la cruauté, pour cuider esmouuoir
Leur constance & leur foy. Mais sa main vegeresse,
Malgre leurs vains efforts, les tire de la presse.
IESA. Qu'on prenne ce volleur! filles, allez haster
Le Preuost de l'hostel afin de l'arrester.
ELIE. Le Dieu de l'vniuers seul digne de louanges,
Serui de vostre audace, au milieu de ses Anges,
Dont le moindre vous peut voz pechez punissant,
Abismer au profond de l'enfer rauissant:
Vous deuriez recognoistre, & pleurer vostre perte
Si grande que iamais ne sera recouuerte,
Non vous paissant de sang, aymer la cruauté,

Indigne d'vne dame, & de la Royauté.
IESA. *Tu es fort charitable, vsant de remonstrance*
Vers ceux, qui ton malheur poursuiuent à oultrance.
ELIE. *Nous deuõs benir ceux qui nous sont ennemis,*
Et tascher les sauuant de les nous rendre amis.
IESA. *O! Le gentil prescheur! ô le grand personnage*
Pour me faire du bien, estime tu mal-sage
Par tes blandissemens, & enchantez propos,
Te garentir ainsi de la noyre Atropos,
Qui ia creuze ton sein, & d'vne main sanglante
Pousse dans l'Acheron ton ame pallissante?
ELIE. *Dieu vous a si souuent faict sa puissance veoir.*
Il a faict si souuent, ses merueilles pleuuoir,
Qu'il vous faut confesser que vostre mesdisance
N'a contre son voulloyr ny force, ny puissance:
Il peut en vn clin d'œil me rauyr de vos yeux,
Et sur vn char flambant esleué dans les cieux,
Me faire transporter au paradis terrestre,
Iusques aux temps derniers, que sa puissante dextre
M'en voudra retirer, quand le fier antechrist
Viendra faire la guerre à son fils Iesus Christ,
Qui trop puissant pour luy, desdaignant le combattre
Se seruira de moy, pour son orgueil abattre.
IESA. *Ha! le traistre s'en fuit & ses pas redoublez*
Monstrent que ses tallons sont de cerçeaux aislez,
Plus vistes qu'vn esclair, de sorte que sa fuitte
Ne se peut arrester par l'humaine poursuitte.
NOV. *Madame voyez vous cest hõme au frõt baissé*

I iĵ

Rendant preuue qu'il est de douleur oppressé,
C'est quelque messager. IESA. *Las! quelle froide glace,*
D'vn sinistre malheur, mon pauure cœur menasse!
MESSA. *O terre creue toy? Que tõ centre plus creux*
Etouffe sans mercy mes esprits langoureux,
Plustost, qu'estre contrainct de conter à Madame
Vn faict dont le penser chasse des-ia mon ame
De ce corps demy mort, qui reste en ces lieux bas
Pour souffrir milles maux pires que le trespas.

He! que ne suis-ie mort au milieu de la presse,
Outré d'vn iauelot & picque vangeresse,
Plustost que d'annoncer la mort de Monseigneur,
A celle, qui l'aymoit plus que son propre cœur?

Et vous astres mutins, dont l'inpr.te influance,
Couslle à plusieurs humains, le malheur des l'enfance,
Que n'auez vous permis que son braz marteleur,
Qui faisoit aux plus fiers reblesmir la couleur,
L'eust vengé pour le moings, & qu'vne ame si chere,
Premier que d'enrichir vne poudreuse biere,
Eust comme vn tygre ireux de ses petits vollé,
Tout paué de corps morts, afin que consolé
Du dueil des ennemis, leurs ames estouffees
Soubs le pesant harnoys, accreussent ses trophees,
Sãs souffrir qu'vn grãd Roy, qu'vn guerrier nõpareil,
fust par vn lasche archer faict proye du cercueil?
Malgré le vain support, des Dieux qu'adore Tyre,
Que reuere Sydon, qui ne font que se rire,
Qu'i ongner paillard er, au lieu de secourir

Ceux, qui pour leur complaire enuyent le mourir?
 A!l'apperçois la Royne, il faut luy faire entendre,
Comme le ciel maling a bien osé respandre
Sur sa pauure maison, vn si cruel meschef,
Qu'il n'en pourra iamais pleuuoir dessus son chef,
Vn semblable à celuy, qui tous autres surpasse,
En malheurs, en ennuys, en perte, & en disgrace.
Les Dieux veillent tousiours, Madame, & au besoin
Prendre de vos enfans & la cure & le soin,
Afin qu'à tousioursmais ioyeux ils puissent prendre
Et le sceptre en la main, & heureux le deffendre.
IESA. He! bons Dieux quel salut! oste tu le pouuoir
Aux peres reuerez? veux tu point esmouuoir
L'enfant, à secouer le ioug d'obeissance,
Pour enuahir meschant, la supreme puissance?
Cuides tu que le Roy iustement irrité,
Ne chastie au retour ta grand' temerité?
MESS. Madame, excusez moy, ie n'euz iamais enuie,
D'estre traistre à mon prince, auquel ie doibs la vie,
I'ay seulement tasché vous faire conceuoir,
Que nous ne deuons pas resister au pouuoir
De noz Dieux preuoyans, lesquels pour recompence,
Communiquent benins leur immortell'essence
Aux hommes vertueux, cõme ils ont faict au Roy,
L'exemptant de trauail, du fatigant esmoy
De ce monde caduc, afin que bien-heureux
Il commande plus grand, à l'empire des cieux.
IESA. Quoy! le Roy est il mort? MESSA Sõ ame gene-

I   iij

reuse,
Encores n'a quitté la clarté lumineuse,
IES. Comment? donc ses soldats ont ils tourné le doz?
MES. Non, Madame, l'hõneur & la gloire, & le loz
Sont demeurez communs aux deux grosses armees,
A faire leur deuoir brusquement animees
Iesa. Qu'est il donc arriué? dis tost & ne tiens plus
Mon ame en deffiance, & mes esprits perclus
MES. Si tost que les Coursiers qui guident la lumiere,
Tirerent de Thetis leur humide criuiere,
Mouuans le cours subtil des celestes flambeaux,
Pour redonner la veue à tous les animaux,
Qui sillez de la nuict attendoient la venue
De la sœur de Phœbus, qui dissippe la nue,
Les deux Chefs animez, pratics & aduisez,
Disposent leur bataille en scadrons diuisez,
Qui tous armez à cru parroissoient tous de flames,
Pour les brillans esclairs, que dardoit sur leurs armes
Le radieux Tytan, de sorte qu'il sembloit,
Que tout le feu du ciel es deux camps descendoit:
Le cheual escumant, bondissant par la plaine
Encourageoit son maistre à la sueuse peine,
Quand le Roy faict certain par quelques prisonniers
De l'ennemy dessein, il quitte volontiers
Ses ornemens Royaux endosse le cuirasse,
Et met en sa main dextre vne pezante masse,
Afin de rendre vain par ce nouueau moyen,
Le conseil dangereux du prince Syrien,

Qui rusé commandoit aux soldats & aux Princes
Venus à son secours de diuerses prouinces,
D'attaquer tous ensemble & coniurer la mort
Du valheureux Achab, si bien que tout l'effort,
Estant autour du char qu'auoit prins en sa garde
Le sage Iosaphat, combattant il regarde,
Que les plus auancez n'ont si tost entendu
Son parler, & sa voix, qu'ils n'ayent deffendu
A leurs gens de donner, ains vn chacun s'escrye
Qu'au pasteur d'Israel on rauisse la vie.

Comme leurs bataillons tournoyent d'autre costé,
Pour chercher assassins ce prince redouté,
Vn archer inconstant, pensant tirer en vain,
Descoche à coup perdu, vn garrot inhumain,
Qui prenant ce grand Roy, ce grãd fouldre de guerre,
Au deffaut du plastron, iusqu'aux plumes l'enterre
Dedans le flanc Royal, & alors son cocher
Le tire du combat, pour sa playe estancher:
Les nostres n'ayãs plus ce Dieu Mars pour leur guide,
Commencent à mollir, & leur ame timide
Fait cognoistre au vainqueur, que l'absence du chef,
Causoit si promptement ce desastreux mechef.

Toutesfois l'ennemy sachant nostre grand' perte,
Au lieu de passer outre il sonne la retraite,
Donnant aux colonels le loisir de sauuer
Nos gens, qui les venoient en desordre trouuer,
Brauache se ventant, n'estre auiourd'huy sur terre
Vn Prince assez hardy, pour luy faire la guerre,

Estant mort ce guerrier, dont l'vnique vertu,
L'auoit tousiours de crainte, & de peur combattu,
Par le dur souuenir, de mil & milles pertes,
Receues de sa main non encor recouuertes.

Voila Madame, en fin le triste euenement,
Du voiage entreprins assez legerement,
S'accordant au malheur, la fortune ennemie,
Pour accomplir, sur nous la sage prophetie
De Michee, & d'Ely, desquels la saincteté
S'est cogneue à la fin pleine de verité,
Aduertissans soigneux nos trop dures ceruelles,
Du malheureux succez qui de playes mortelles
A tellement nauré l'honneur de nos Hebreux,
Qu'à iamais Israel en sera vergoigneux. (perfides!)
IE. O Dieux Dieux desloyaux! dieux meschäs! dieux
Dieux infames boureaux, du sang humain auides!
Est ce la recompense, Est-ce là le loyer
Par vous promis à ceux, que soulliez employer
A maintenir icy vos loix abominables,
Toutes pleines d'abus, & d'erreurs detestables?
Auez vous donc trahy, lasches, effeminez,
Celuy qui vous rendoit de tout honneur ornez?

Celuy là sans lequel vos menteurs simulacres,
Eussent esté bruslez par les Iuifs idolatres
Habitans de ce lieu? Celuy la qui benin
Fondoit à ses despens le seruice diuin
Celebré tous les iours au milieu de vos temples?
Est ce le bel effect, de ces promesses amples,

Que

Que faisoient tous les iours vos Ministres menteurs,
A fin d'estre esleuez aux supremes honneurs?
    A! ingrats odieux! l'odeur de ses offrandes
Montant iusques aux Cieux par ses largesses grãdes,
N'a iamais eschauffé vos courages glacez?
    Le plaisant souuenir de ses biens faicts passez,
N'a point espoinçonné d'vn iniurieux blasme
Vos esprits entachez de si honteux diffame?
    Où estiez vous alors que vostre bras ireux
N'a destourné le coup de son flanc amoureux?
    Estiez vous endormis, ou bien si la despence
Remplissoit tellement vostre gourmande pance,
Que trop chargez de vin, vous n'eussiez le loysir,
D'ayder vos biens-faicteurs, & leur faire plaisir?
    Excusez moy grands Dieux ! Ie ne veux de-
    sormais
Contester contre vous, las! qui ne pouuez mais
Du desastre arriué: n'estans que vaines ombres,
Affrontans le commun, de vos medalles sombres,
Sans force, sans pouuoir, sans parolles, sans voix,
Forgez de pierre dure, & de terre, ou de bois,
Par vn vil artisan, auare, qui ne soigne,
Qu'à flatter celuy là, qui le met en besoigne,
Faisant vostre pourtraict cherir ou mespriser,
Selon que son pinceau luy voudra diuiser:
    Ce que m'estant cogneu par ceste experience,
Ie mesdiray de vous auec toute licence,
Et feray deietter vos images verriz.

K

De leurs sieges, pour voir si de cela marris,
Vous pourrez seulement vous vanger d'vne femme,
Qui vous depite tous: & vous iure mon ame,
Que serez tous bruslez comme faux seducteurs,
Du peuple d'Israel & seuls perturbateurs:
    Et toy beau Dieu d'Ely, qui fais qu'il prophetise
Toute chose contraire à mon veil & emprise
Tu as bien sceu cacher ton timide pourtrait
Craignant que par mes mains il fust aussi desfect.
N'ayant qu'vn nom volant que l'Hebrieu reuere
Seduict de main en main, par son ayeul & pere,
Tu ne lairras pourtant de sentir la fureur
D'vne Royne iritee, auec iuste douleur.
    Car ie feray mourir tous tes Diacres & Prestres
A fin d'exterminer ta loy, que leurs ancestres
Trop credules auoient maintenu iusqu'icy,
Pour n'auoir eu du Roy ny cure ny soucy
Oubliant (orgueilleux) le trop de courtoysie,
Qu'il t'auoit tousiours faict, en relaissant la vie
Aux prescheurs de ton nom, qui par enchantemens
Nous causent ces ennuis, ces malheurs, ces tourmens.

CHOEVR DES SOLDATS
D'ACHAB.

V'A pensé faire le Dieu Mars
Meurtrissant le pere aux soldats
Par vn traistre & timide archer
De loing, sans l oser approcher?

C'est qu'ennieux de ses lauriers
Il ne regardoit volontiers,
Les haults faits d'armes d'vn Roy tel,
Qui ja le rendoient immortel.

Craignoit-il que ses faits gallants
Admirez des hommes vaillants,
Troublant son cazanier repos,
Rauissent son superbe los?

Ouy, luy voyant espancher
Le sang humain, & arracher
La vie, aux courageux mortels
Pour en cymenter ses Autels:

S'attristoit-il que plus guerrier,
Qu'estant plus que luy droicturier,
Il sçauoit vaincre, & iusticier
La guerre & paix associer?

Ouy, le voyant terrasser
Ses ennemis, & redresser
Son estat par fois oppressé,
Puis de loix sainctes polissé.

Nostre Roy ce pendant est mort
Et gemit sur le triste bord,
Du bruyant fleuue d'Acheron,
Attendant le vieillard Caron.

Pour le passer de l'autre part,
A fin que pensif à l'escart,
Il songe ce qu'il respondra
A Minos, quand il le mandra.

K ij

Car bien qu'il ait esté grand Roy,
Toutesfois tremblotant d'effroy,
Il se gettra sur les genoux,
Pour rendre son iuge plus doux:

Qui n'a non plus d'esgard aux grands,
Qu'au plus petits, qui pour garands
N'ont que les œuures qu'ils ont faicts,
Soient vertueux ou imparfaicts.

Plaçant les bons pour leur vertu
En vn lieu d'honneur reuestu,
Et les meschants pour leurs mesaicts,
Aux flames des enfers infaicts:

C'est pourquoy toutes les grandeurs,
Tous les Princes, Rois, Empereurs,
Ne doiuent pleins de vanitez,
S'esgaler aux diuinitez.

Laissons donc ce discours mal-sain
Allons d'vn cœur doux & humain,
Prier leur haulte Maiesté,
Qu'elle ait soing de nostre cité,

Et qu'au lieu du predecesseur
Elle nous donne vn successeur
Aussi prudent & redoubté,
Que l'a viuant le pere esté.

ACTE CINQVIESME.

LE CAPITAINE GENERAL DES GARDES D'ACHAB.

QVE ſonge tu Mauors ? la deeſſe Cy-
    prine
Eſchauffe-t'el' encor ta paillarde poi-
    ctrine?
Ton macquereau Gallus aſſopy du ſommeil,
C'eſt il ores laiſſé tromper par le Soleil,
Qui t'ayant de rechef ſurprins en adultere,
En ait donné l'aduis au Lemnyen ſeuere,
Lequel auec ſes trois Cyclopes courageux,
Qui forgent de Iuppin les fouldres orageux
Te retienne captif, dans le meſme cordage
Qu'il te tendit iadis, auec tel aduantage
Qu'embraſſant ta putain, il vous monſtra tous nudz,
Aux deeſſes & dieux, à ſa clameur venuz?
    Es tu poinct empeſché dedans l'Areopage,
A deffendre ta teſte, auec plus de langage
Que de iuſte raiſon, pour auoir impudent
Oſé meurtrir le fils du Dieu porte-trident?
    Gemis tu de rechef ſoubs la puiſſance forte
d'Ephialte & d'Othon, qui d'vne chaine torte

Estroictement lié, t'ont tenu treize moys
Dans leur prison d'airain pour vne seule fois,
Iusqu'à tant que Mercur prié par Euribee
Volletant parmy l'air d'vne aisle recourbee,
Te deliura de nuict, des foüets iniurieux,
Que te faisoient souffrir ces Geans furieux?
Du braue Ætolien le bruyant cymeterre,
Rougist il de ton sang la Pryamide terre?

   D'Hebé ta belle sœur couché dans le giron,
Fais tu lauer ta playe, ou bien si de Peon
Tu recherche honteux l'experte medecine,
Pour appliquer dessus quelque vtile racine,
Que tu n'as peu (brigant) mon prince garantir
Contre le coup mortel, qui le contrainct sortir
De ces lieux pleins d'ennuys pour aux voutes ce-
   lestes
Te reprocher (ingrat) tes detestables gestes?
   Non ce n'est poinct celà : mais c'est que moins
    vaillant,
Tu n'osois le heurter dedans l'estour sanglant,
Et qu'oultré de despit, tu luy portois enuie,
Ne pouuant t'esgaller aux gestes de sa vie,
Malgré toy, par sur toy, cest honneur emportant,
Qu'il n'a iamais tourné le doz en combattant,
Soit à pied, à cheual, à la lance, à la picque,
Comblāt d'esprits affreux la barque Acheronticque,
Ouurant auec le fer, les scadrons indomptez,
Et les gros bataillons au combat aheurtez;

Rafant, bouleuerfant, villes, chafteaux, murailles,
Tentant heureufement le hazard des batailles,
Toufiours victorieux, ne trouuant fon pareil,
Soit pour mener les mains, foit à donner confeil.

Car comme vn bon ouurier de fa lime rongearde,
Rehauffe, ou applanift fa befongne mignarde,
Qu'il deftrempe le fer, dans fon ardent fourneau,
Et durcift les liqueurs coulantes comme l'eau:
De mefme, il animoit d'vn langage fluide
Les lafches, & aux forts rendoit l'ame timide:
Faifant leçon aux vns, pour s'enrichir d'honneur,
Aux aultres comme il fault conferuer fon bon-heur,
Logeant dans leur poictrine, or l'affeurance forte,
Or le fage foupçon pofant deuant leur porte.
Semblable au fort Lyon, qui d'honneur combattu,
Ne meurtrift l'animal foubs fa force abattu,
Quand vainqueur il le void trembler foubs fa puif-
    fance
Et demander pardon de fon oultrecuydance.
Car biē qu'il fuft l'effroy des redoubtez guerriers,
Que des combats doubteux remportaft les lauriers,
Qu'il fuft fage, & fans peur, quand les Roys aduer-
    faires
Luy liuroient courageux les batailles plus fieres,
Et qu'il fuft combattant de fureur attifé:
Toutesfois l'ennemy captif, & mefprifé,
Apres fes durs trauaux, & fes fueurs pouldreufes,
N'imploroit poinct fi toft fes mains victorieufes,

Qu'il ne trouuaſt vn cœur, auſsi plein de bonté,
Comme il l'auoit cogneu combattant indompté.
LE PREMIER SOLDAT. Tout prince genereux
    eſt touſiours debonnaire,
Et contre l'affligé ne vomiſt ſon colere.
Mais quand l'inſtable ſort attacque ouuertement
Son eſtat, ſon honneur, c'eſt lors qu'obſtinément
Se monſtre ſon grand cœur, plus cruel eſt l'orage,
Plus ſe redouble en luy la force & le courage.
CAPITAINE GENERAL. Ainſi qu'on voit
    le Nort pour neant s'attacher
Contre le dur rampart d'vn ſuperbe rocher,
Lequel plus eſt battu de l'enragé Borée,
Plus s'en rit, & des flots du tempeſteux Nerée,
Ie l'ay veu milles fois par ſa ſeule valeur,
Terraſſer à ſes pieds des armes le malheur.
LE SECOND SOLDAT. Fortune n'eſt iamais
    tellement fauorable,
Qu'el' ne ſe monſtre en fin peruerſe & dommageable:
Et ſi lors qu'elle veut frapper le plus grand coup,
Elle choiſit celuy, qui peut oſer beaucoup.
CAPITAINE GENERAL. Que ſert doncq la
    vertu, le magnanime cœur
Sorty du ſang des Roys, exempt de toute peur?
Que ſert doncq le conſeil, la Martialle addreſſe,
Le ruſé ſtratageme, & l'accorte fineſſe?
    Que ſeruent les grandeurs, l'auguſte Royauté,
Le pouuoir abſolu, l'alme principauté,

                        Si le

Si le superbe acier de l'homicide enuye,
Oze bien en trahison attenter à la vye
De celuy, qui pouuoit par le fer furieux,
Dompter vne Encelade, armé contre les Cieux?
Arriere cest estoc, ces brassars, ces tassettes,
Les phiphres, les tabours, les bruyantes trompettes,
    Arierre ces Cuissots, ce casque empannaché,
Ces ferrez, gantelets : ce cuirasse haché
De mil & milles coups, receuz en combattant:
Puis qu'vn timide archer, vng coyon tremblottant,
Peult aussi bien meurtrir les princes de la terre,
Comme le grand Iuppin leur dardant son tonnerre:
    Pleurez auecques moy soldats auantureux,
Pleurez le sort fatal, d'vn prince genereux,
Desbondez de voz yeux la bouillonnante source,
Et serrez les tirets de vostre auide bourse:
N'esperez plus amis, arracher le buttin,
Comme vous auez faict, à l'ennemy muttin?
N'esperez plus porter à voz femmes fidelles
Des ennemys vaincuz les despouilles nouuelles:
N'esperez plus forcer les villes & les forts
Que vous soulliez piller, vous rendans les plus forts.
N'esperez plus gaigner, au mestier de la guerre,
Gloire, honeur, ou argent, voire vn poulce de terre,
Puisque le grand Achab, le pere des soldars,
Ne conduit plus au chãp voz guerriers eslandars,
Puisque le grand Achab, seul vaillant & seul sage
N'est plus aupres de vous pour vous donner courage,

L

Pour vous donner aduis de rudement donner,
Ou de garder voz rangs sans les habandonner.
Puis que seul il auoit la faueur opportune,
Qui vous rendoit tous craints mesme de la fortune:
CHOEVR DE SOLDATS Ha! hà! helas! helas! CAPITAI-
NE! GENERAL. Il faut, il faut forger
De noz grands coutelats vn coultre mesnager,
Il faut forger de socz, de noz lances pointues,
Et de noz iauelots, des faucylles tortues:
Il faut que le cuirasse inutil, & rouillé
Soit ieEté dans vn coing, d'honneur tout despouillé,
Que l'armet effroyant, des pitaulx la rizee,
Serue a faire couuer quelque poulle frizée,
L'escaillé gantelet, dans la main du porcher
Honteusement porté, serue affin d'aracher
Les herbiers renaissans, pour en faire l'augee
De ces pourceaulx goulluz iournellement mangee:
Il fault que du soldat le nom soit aboly,
Et au fleuue oublieux du tout ensepuely:
Il fault tous faire iouc, puisque d'vn Roy la cheuté,
Expose ce païs comme vne large butte
Au vainqueur orgueilleux, qui peult sans nul effort
Asseruir Israel, se rendant le plus fort,
N'aiant pour opposer à son ardeur guerriere,
Son Alcide animé d'vne force plus fiere.

CHOEVR DES SOLDATS PORTANS
LE CORPS D'ACHAB.

E hé hé hé hé hé! CAPITAINE. d'où vien-
nent ces clameurs,
Ces grands gemiſſements compagnonsde douleurs?
PREMIER SOLDAT. C'eſt larmee qui ſuit le corps,
que lon apporte,
Qui meſle auec ſon dueil ceſte clameur ſi forte:
CAPITAINE. Retirõs no⁹ d'icy, helas! le cœur me fant
De voir en ceſt eſtat vn Roy ſi triumphant.
SECOND SOLDAT. Allons, & promptement : car
i'apercoy l'allure
De la Royne, qui porte vne noyre pareure:
CAPITAINE GENERAL Grands dieux aſſiſtez la &
ne permettez pas,
Que ſes cuiſans ennuys aduancent ſon treſpas.
I'ESABEL. Qui fournira mes yeux de larmeuſes
fontaines,
Pour teſmoingner icy mes angoiſſeuſes peines?
Qui fournira de force à mes poulmons enflez,
Pour vomir les ſanglots, les ſouſpirs redoublez,
Qui fendent l'eſthomac d'vne pauure princeſſe,
Eſclaue de fortune ingrate , & pipperesse.
Fault il que ſans auoir vn des dieux offencé
Ie ſente leur deſdaing ſur mon chef eſlancé,
Et que ſeulle ie ſois qui porte ſur ma teſte,
Leur iniuſte courroux? leur rage? leur tempeſte?

L ij

Fault il que sur moy seulle, vne fiere Alecton
Estraingne sans mercy son foüet, & son baston?
   Fault il qu'vne cruelle, & sanglante, Megere,
Delaisse les enfers, sa demeure ordinaire,
Pour attiser au tour de mes ans ia mourans
Ses soulphres enfumez, ses charbons deuorans?
   Faut il que Tesiphon, de ces deux la germaine,
Laissant le maltalent que son ame inhumaine
Portoit à Citeron, m'eslance ses serpents,
Qu'elle auoit attachez dessus son sein rempans,
Pour n'auoir desdaigneux entendu sa priere,
Lors que de ses beaux yeux elle fut prisonniere?
   Fault il que les dragons, les fantosmes vollans,
Les larues, les demons, les chiens d'enfer vrlans,
Et tous les esprits noirs de la demeure vmbreuse,
Remplissent de fraieurs mon ame soucieuse,
Pour me faire mourir auant que m'acquicter
De l'office dernier, que ie veux apporter
A ce prince sans pair, qui de haults faits illustre
Eclattoit par sur tous l'esclair de son beau lustre?
   Las! ce m'est vn plaisir de mourir promptement,
Pour terminer soudain l'horreur de mon tourment,
Ne voulant (Monseigneur) ie iure, te suruiure,
Ny voir long temps Phœbus dessus mon chef reluyre:
Mais ie desire vn peu retarder le destin,
Pour te plorer (mon cœur) premier que prendre fin.
CHŒVR DES SOLDATS *Hé! hé! helas helas!* IESAB.
   Quelle clameur plaintiue,

Offence de rechef mon oreille craintiue?

   Hé dieux!.que pouuez vous de nouueau presenter,
Qui puisse mes trauaux excessifs, augmenter?
Que vous reste til plus de funeste, d'horrible,
D'importun, d'angoisseux, de sanglant, de pœnible,
De malin, d'oultrageux, de cruel, de meschef,
Que vostre aspre courroux n'ait vomy sur mon chef?

   Auez vous non contans du trespas de leur pere,
Faict mourir impiteux & l'vn & l'autre frere,
Qui n'ayans peu porter vn si larmoyant dueil,
Auecq leur geniteur demandent le cercueil?

   Quel qu'vn de leurs vassaulx oublieux de son estre,
Vsurpe til sur eux leur couronne & leur septre?
Nourrice Hé! quest cecy! ie meurs palle de soing,
Et si ie ne sens poinct ton secours au besoing!
Que predisent de mal les basses contenances
De ces filles d'hõneur? NOVRRICE Voz iustes doleãces
Bastantes d'esmouuoir vn marbre & vn rocher
Peuuent Madame Helas! ay sement arracher
Des ruisseaulx de noz yeux qui deuenuz fontaines
Soullagent en coullant noz sepulchrables peines!
Bien que voz fils soyent sains: touteffois le malheur
Commun à voz subiets auec vostre douleur
Est si grand qu'il peult seul tout courrage rabattre
Fust il plus que l'aymant dur & opiniastre!
Ces cryz que vous oyez sont causez par l'obiect
Du corps du Roy qui vient, s'en est le seul subiect!
L'armee l'acconduict affinqu' vntel monarque,

Reçoyue glorieux en defpit de la Parque
Vne pompe fuperbe, ayant tant merité
Du public, qu'à iamais noftre pofterité
En fera tous les ans vne telle memoire
Que tous admireront fa venerable gloire.
IESA. Nourrice ie me meurs, quand ie penfe le voir
Priué de fon beau teinct, ie crains d'apperceuoyr
Ces deux logis d'amour clos de nuicts eternelles,
Iadis doulces prifons des belles damoyfelles!
Ie crains de veoir ces bras, ces fouldres meurtriffãs,
Sans forces, fans vigueur, roides & palliffans!
NOVR. Madame il eftoit beau, preux, vaillant
    formidable,
Mais plus plus fa vertu le rend recommendable:
IESAB. Hé! que luy a feruy fa force & fa valeur,
Puifque le fort cruel, le finiftre malheur
La faict choir foubz l'effort d'vn hõme demy-femme
Sans pouuoir euiter vne mort tant infame?
NOVR. Nous ne debuons plorer comme attainct de
    malheur,
Celuy qui par fa mort achepte tant d'honneur!
    La faueur de ce monde eft caduque & mortelle
Mais le loz rend toufiours noftre vie eternelle!
IESA. S'il euft efté meurtry des nourriffons de Mars,
S'il euft finy fes iours au millieu des hazards
Apres auoir fanglant, bouffant, & hors d'haleine,
Des plus auantureux couuert toute la pleine,
Ce feroit vn foullas à ce cœur affligé,

Qui par bonne raiſon ne peult eſtre obligé
A prendre conſtamment la fortune arriuee,
Puiſqu'vn timide archer m'a de tout bien priuee.
NOVRR. Madame ceſt icy que voſtre cœur Royal,
Doibt faire reſiſtance au deſtin deſloial,
Sans ainſi vous ſoubmettre à fortune contraire,
Lors que voſtre vertu vous eſt plus neceſſaire :
    Les voicy, prenez cœur, que voz princes accords
Congnoiſſét auiourd'huy voz eſprits grãds & forts.
IESA. S'ESVANOVISSANT. Ie ne ſçauroys
    m'amye, & meseſprits trop foibles
Vers le creux ʼAcheron tendent leurs noires voilles,
Ie deffaulx, ie m'ē vois. NOVR! n'aurez voꝰ põt pitié
Cieux par trop courroucez d'vne telle amitié?
    Helas elle a quicté ceſte belle lumiere,
Pour ſuiure ſon eſpoux dans la pouldreuſe biere!
    Ie la ſens reſpirer! filles, allez querir
Les prudents medecins haſtez vous de courir :
IESABEL REVENVE DE PAMOISON:
He dieux iuſques à quand eſpandrez vous voſtre yre?
Iuſquà quand ceſſera l'aigreur de mon martyre?
Iuſqu'à quand ſatisfaiéts de mes malheurs cuiſans,
Irez vous contre moy voz fureurs attiſans :
Me preſentant cruels! mon cher eſpoux, ma vie,
Nõ seint de lauriers verds, mais las! par voſtre ennye,
Palle, deſiguré, miſerable, abbattu,
Et ſon corps, ſans vigueur de craſſe reueſtu?
A! beau chef qui ſouuent de palmes Idumees

As enrichy le front de tes fortes armees,
Helas!tu n'es plus rien qu'vn tronc plein de mespris,
Que la cruelle Parque en trahison a surpris!
   Visage menassant, que la guerriere audace
A tousiours occuppé maintenant en sa place,
L'image de la mort compaignon de la nuict
Chasse ton teinct vermeil qui deuant luy s'enfuit:
Bouche qui faisois honte aux œillets & aux rozes,
Et vous soleils luisans, deux aurores descloses,
Fault il, helas fault il! qu'apres tant de bon heur.
Qu'apres tãt de plaisirs, & qu'apres tant d'hõneur
Qu'apres vous auoir dit & nommez ma seulle ame,
Mes delices, mon tout, mon amoureuse flamme,
Ma grandeur, mon appuy, mon support & mon bien
Vous baisant au iourd'huy ie ne baise qu'vn rien!
Qu'vn rien, duquel la mort des vertuz enuyeuse
A poussé les esprits soubz l'onde sommeilleuse?
   Ie te supply pourtant, par nostre sainct Hymen,
Qui conioignoit noz coeurs d'vn si ferme lien,
Que ma triste clameur iusqu'à toy deuallee.
Ie te suiue par tout en la noyre vallee:
   Donne moy seullement quelque peu de loisir,
Pour espuiser mes pleurs, & suiuant mon desir,
Tirer milles sanglots de mes chaudes entrailles,
Affin de venerer tes tristes funerailles:
   Car puisque veufue suis, plus porter ie ne veux
Ny bagues, ny ioiaulx, ny frizer mes cheueux
Ie ne veux plus quicter ce lamentable noir,

Et

Et paſſé ce iourd'huy , ie ne veux plus reuoyr
Les pompes de la cour , ny me voir exaltee
D'vn tas de courtiſans à la langue affectee;
Puiſqu'il ne ſe veoit rien de ſtable & d'aſſeuré
Deſſoubs ce firmament au lambriz azuré,
Puiſque tout eſt regy des ſourdes deſtinées,
Qui ſeulles par hazard deüident noz annees:
Puiſque le ſort maling empeſche des humains
La prudence aduiſee, & luy lie les mains,
Sans faire reuſſir de tout ce qu'el propoſe
Que ce que la fortune en ordonne & diſpoſe.

Vn ſeul poinct me retient encores icy bas
Vn ſeul poinct me retient d'aduancer mon treſpas
Vn tout ſeul poinct retient mes mains victorieuſes,
De plonger dans mon flanc les armes furieuſes,
Affin de m'affranchir de ce cruel tourment,
Pour t'aller auſſy toſt trouuer (mon cher amant)
Te ſeruir au beſoing & plaine d'allegreſſe
T'ouir encor vn coup m'appeller ta maiſtreſſe.

Helas! c'eſt la pityé de noz tendres enfans,
Et l'eſpoir que me paiſt de les veoir triumphans,
Pourſuiure genereux eſtans ſortiz d'enfance,
De ta mort aduancee vne dure vengeance.

A Dieu donc pour vn temps, belle ame mon ſoucy,
Conſidere (mon cœur) que ie demeure icy
Pour vanger ton deceds & non pas pour la crainte,
De recepuoir timide vne mortelle attainte.
Or pour dernier debuoir s'il te vient à plaiſir,

Il faut de cent baisers eſtancher mon deſir.

Il faut de cent baisers, de cent mil, & sans ceſſe,
Que ce coral deſteinct de ma bouche ie preſſe,
Que ſes yeux gracieux de tenebres troublez
Sentent en ceſt effort noz amours redoublez,
Que ce front glorieux, ceſte face yuoirine,
Ie baigne de mes pleurs. Toy belle ame diuine
Tu recepueras mes criz, à toy ſeulle ie veux
Adreſſer deſormais mes offrandes & vœuz,
Et gemir sansceſſer ton abſence ennuyeuſe,
Verſant deux occeans de ma prunelle creuze,
Iuſqu'à tant que l'humeur qui ſouſtient ce mien corps
Eſpuisé tout à ſec en arrache dehors
Mes eſprits ſoucieux, qui de leur priſon libres,
De toutes paſſions & de tous maux deliures,
Sans ſoing, & sans ſoupçon, iouiſſent de toy pres,
De ton pudic amour à l'vmbre des cyprez
Plantez de ſur le bord, des riues ſtigieuſes
Qui rendent de tous maulx l'es ames oublieuſes.

FIN.

www.ingramcontent.com/pod-product-compliance
Lightning Source LLC
LaVergne TN
LVHW012207170726
843503LV00005B/1921